Klaus Peickert

Wenn sich das Glück verspätet

Jugendwerkhof Torgau:
Ein Ort böser Erinnerungen

DONATUS

Bibliografische Information der Deutschen Nationalbibliothek:
Die Deutsche Nationalbibliothek verzeichnet diese Publikation in der Deutschen Nationalbibliografie; detaillierte bibliografische Daten sind im Internet über www.dnb.de abrufbar.

Impressum

Gestaltung: DONATUS VERLAG
Verlag: DONATUS VERLAG, Niederjahna
Herstellung: Books on demand, BOD Norderstedt
ISBN: **978-3-946710-06-6**

Was sich vollendet, ist gewollt,

und wird gerichtet nach dem,

was es ist.

Getan oder unterlassen,

wirkt es zu seiner Zeit.

Der Flüchtende kennt seine Schande.

Inhaltsverzeichnis

Eingangsgebäude des Geschlossenen Jugendwerkhofes Torgau, um 1990.

Vorwort

Keine Geschichte erzählt uns so wenig, dass wir nicht wenigstens etwas davon verstehen. Und keine Geschichte erzählt uns so viel, dass wir am Ende alles wissen.

Die Düsternis und die menschenverachtenden Methoden des Geschlossenen Jugendwerkhofes Torgau sind der rote Faden dieser Geschichte. Dort wurden Stumpfsinn und Gewalt – die Intelligenz des Bösen – für mehr als 4.000 junge Menschen der ehemaligen DDR zu einem bitteren und unauslöschbaren Bestandteil ihrer Biografie.

Kein Täter musste sich jemals dafür vor Gericht verantworten.

Diese Geschichte nicht zu erzählen, hieße, sie, die Täter, in die Freiheit des Vergessens zu entlassen. Als sie aus der Geschichte entlassen wurden, gingen sie ohne ein Bekenntnis ihrer Schuld und ohne Reue. Ihre Feigheit, sich nicht zu ihrer Verantwortung zu bekennen, wird zur Verpflichtung anderer, darüber zu berichten.

Dieser kleine Ausschnitt meiner Biographie soll nicht meine Seele erleichtern, sondern hilft meiner Seele, freier zu werden. Und so sollte man diese Geschichte auch lesen, damit der Pfeil zum Bogen gemacht werden kann.

Ach ja, die Rache… sie hat hier keinen Platz. Mein Anspruch auf Gerechtigkeit ist ein anderer als der der Täter.

Der Tag, der mein Leben veränderte

Der Morgen am 20. März 1970

Wieder einmal fiel es mir schwer, mich aus dem Bett zu trollen. Meine verschlafenen Augen wollten sich den Tag noch nicht ansehen, und es dauerte noch ein Weilchen, bis ich der Sonne den Morgengruß erwiderte. Ihr Strahlen schien meinen mürrischen Blick zu ignorieren. Noch ein wenig hartnäckig bäumte sich meine morgendliche Unlust gegen den verlockenden Duft des Frühstücks auf. Ein vergeblicher Kampf. Den konnte das Frühstück schlecht verlieren. Nicht gerade rasend schnell erhob ich mich aus den Federn, und mein Kopf begann in aller Ruhe mein Munterwerden zu organisieren.

Mit der üblichen Rumtrödelei erledigte ich die morgendlichen Hindernisse. Waschen, Ankleiden, und wenn nötig, die Nase einmal kräftig hochziehen. In der Jugend bleiben die Taschentücher länger gebügelt!

Meinen Morgenputz erledigte ich mit einer gewissen Widerwilligkeit, verursacht vom kalten Wasser. Es war noch jene Zeit, als fließend warmes Wasser nicht unbedingt zum üblichen Standard eines Haushalts gehörte.

Im Allgemeinen ist ja das Bedürfnis nach Wohlbefinden durch körperliche Reinheit bei Kindern etwas anders angelegt als bei Erwachsenen. So blieben, allein diesem Umstand geschuldet, meine Ohren hin und wieder auch mal ungeputzt. Da gab es durchaus eine Korrelation zwischen nicht hören wollen und nicht hören können.

Dennoch, die Kernseife verlieh der Nasenspitze den Glanz jugendlicher Frische und dem Gesicht insgesamt den Eindruck morgendlicher Präsenz: Ich konnte mich in der Küche sehen lassen. Schnell noch den letzten Knopf der Hose schließend und mit einem Handstrich über den Kopf mein kurz geschorenes Haar glatt streichend flitzte ich trampelnd die Treppe hinunter. Der Hunger hatte sich endgültig durchgesetzt und ruck zuck, saß ich am Küchentisch. Dort stand für jeden die Schüssel mit kleingeschnittenem Brot bereit. Mit Zucker überstreut und heißer Milch übergegossen, verdrückte ich mit der Gier eines kleinen hungrigen Wolfes mein Frühstück. Das war Trinken und Essen in einem Aufguss. Zuweilen von dem deutlichen Hinweis begleitet, dass wir gefälligst nicht so schlingen sollten! Bei mindestens zehn hungrigen Mäulern, die jeden Morgen in unserer Großfamilie zu stopfen waren, reduzierte sich die Logistik der Beköstigung am Morgen auf das Gebot der Zweckmäßigkeit. Jetzt war ich endlich wach!

Der Eismann

Eine mühselige morgendliche Pflicht, vor der sich jeder meiner Brüder gern drückte und die in der Regel auch mir zufiel, war es, jeden Montag und Freitag aus der Molkerei Eisstücken für unseren Eisschrank zu holen. 1969 war das Budget meiner Familie noch nicht so üppig. Gelegentlich mit ein paar geborgten Scheinen von der lieben Verwandtschaft hangelte sich meine Familie von einem Monatsende zum anderen. Da war an den Luxus eines richtigen Kühlschrankes nicht zu denken. Also erfüllte auch ein alter Eisschrank hinreichend die Funktion, Lebensmittel frisch zu halten. Wenn es um das Erledigen solcher Arbeiten ging, galt ich unter meinen Brüdern komischerweise immer einstimmig als der Stärkste. Entgegen ihrer sonstigen Streitlust herrschte hier eine seltsame und generelle Einigkeit darüber, mir den Vortritt zu lassen. Dabei war ihnen durchaus klar, dass ich andere Wege fand, mich zu „rächen“.

Also schnappte ich mir die zwei Emaileimer und machte mich auf den Weg. Mit meinem Schicksal manchmal ein wenig hadernd beeilte ich mich trotzdem, um pünktlich an der Laderampe der Molkerei anzukommen.

Zum einen musste ich denselben Weg zurück nach Hause noch einmal gehen, und dann erst konnte ich zur Schule. Da war es durchaus hilfreich, in der Molkerei einer der Ersten zu sein.

Es war immer äußerst spannend für mich zu beobachten, wie die zwei strammen Pferde mit der schwer beladenen Kutsche einfuhren. Das wollte ich auf gar keinen Fall verpassen!

Gebannt lauschte ich dem näher kommenden Rhythmus des Getrampels ihrer Hufe. Mit ihren Nüstern schnaufend zogen die Pferde die Kutsche akkurat durch das enge Tor auf den Hof. Staunend zusehend bewunderte ich den Kutscher. Mein sehnlichster Wunsch, auch mal auf dem Kutschbock zu sitzen, konnte mir der Kutscher leider nicht erfüllen. Die Zeit anzuhalten, mich aufsteigen zu lassen, hatte er nie.

Auf der Kutsche, die von einer großen, schweren, schwarzen Plane zugedeckt war, lagen, quer über die Ladefläche verteilt, die dicken Eisstangen.

Respekt einflößend und keinen Widerspruch duldend rief der Kutscher, der immer sehr ungeduldig wartenden Menge schon beim Einfahren zu:

„He Leute, macht mal Platz da! Oder sollen euch die Pferde eins trampeln?“

Auf dem Hof der Molkerei, die Kutsche gleich noch wendend, kam er dann an der Rampe zum Stehen. Selenruhig kurbelte er zunächst einmal die Handbremse fest. Gemächlich stieg der Eismann von der Kutsche herunter und klopfte den Pferden mit grober Zärtlichkeit den Hals. Mit ein paar netten, ins Ohr geflüsterten Worten bestätigte er ihnen, es wieder einmal gut gemacht zu haben.

Zum Zerhacken des Eises legte er sich, auch in aller Ruhe, seine Werkzeuge zurecht. Dann endlich wandte er sich der wartenden Menge zu. Die ungeduldig zuschauenden Leute schienen wenig Eindruck auf ihn zu machen.
„He Leute, nun hört mal hier mit dem Herumgedrängel auf. Stellt euch gefälligst in eine ordentliche Reihe, und jeder wird sein Kontingent kriegen!“, waren in der Regel seine mahnenden Worte. Er hätte wohl auch so geredet, wenn die Leute nicht gedrängelt hätten.
Sinnvoll wäre es ohnehin für niemanden gewesen, ihm bei irgendetwas zu widersprechen.
Bedächtig unter den Sitz seines Kutschbocks greifend, holte er noch die dort abgelegte Geldtasche hervor, rieb sich die Hände und meinte:
„Tja, Damen und Herren, dann wollen wir mal! Jetzt mal her mit dem ersten Eimer“.
So begann er, wieder auf dem Kutschbock stehend, von oben herunter endlich mit dem Eisverkauf. Mit seiner mächtigen Erscheinung hinterließ er dank seines wild gekräuselten Bartes auf jeden einen sehr nachhaltigen Eindruck. Seine kraftvoll brummende Bassstimme vollendete seinen insgesamt sehr imponierenden Auftritt.
Die Leute stellten sich geduldig in Reih und Glied und warteten bis sie dran waren, gaben ihren „Fufziger“ hin und bekamen nun endlich ihre Portion Eis.
Die Ärmel hochgekrempelt zerteilte er mit wuchtigen Hammerschlägen und einer Axt als Keil die Eisstücke so, dass sie bei jedem in die Eimer passten, und gut war es. Viel abgewogen wurde da nicht! Er legte fest, wie viel es für den „Fufziger“ gab. Darüber wurde mit ihm grundsätzlich nicht diskutiert! Natürlich getraute sich kaum jemand, die erhaltene Menge Eis mit größeren Geldscheinen zu bezahlen. Dem Ärmsten wäre ein

deftiger Spruch sicher gewesen! Die Zählerei zu vieler Taler hätte dem Eismann Zeit abverlangt, die er nie hatte. Seine bedrohlich klingende Frage, ob man es nicht vielleicht doch etwas kleiner hätte, wollte keiner zu hören bekommen. Den nötigen Groschen passend zu haben, lernte bei ihm jeder schnell!
Ich erinnere mich an einen Herrn, dem die erhaltene Eismenge nicht ausreichend war. Dies beklagend nahm der Eismann dessen Eimer zurück, zauberte ein kleines Schmunzeln in sein sonst so strenges Gesicht und schüttete den Eimerinhalt einfach wieder auf den Wagen zurück. Dem etwas verdutzt Dreinschauenden reichte er seinen leeren Eimer zurück und bat den Nächsten heranzutreten. Ich glaube, zum Schluss bekam er doch noch seine Portion.
Also hielt man einfach die Klappe. In Zeiten der Knappheit disziplinierte der Mangel!
Oftmals verärgert und ein wenig laut vor sich hin fluchend musste der Eismann den Leuten auch immer wieder aufs Neue erklären, dass es eben nicht ausreichend Eisstangen gäbe. Um Gerechtigkeit bemüht, verteilte er das Eis mit seinem Geschick jedoch so, dass jeder von dem, was vorhanden war, ausreichend bekam. Den kleinen Groschen Trinkgeld für sein mühevolles Tun nahm er selbstverständlich gern entgegen. Sich dafür höflichst, aber lautstark bedankend konnte das keiner seiner Kunden überhören!
Wenn er bei guter Laune war, schmunzelte er mich gelegentlich an und fragte mit seiner rauen Bassstimme so etwas in der Art: „Na, Kleiner, wird's denn gehen, oder soll ich dir ein Pferd zum Tragen borgen?“.
Ich donnerte ihm immer ein fröhliches: „Jaaa!“ entgegen.
„Ja, ja, kleiner Mann, das könnte dir so passen, was. Dann müsste ich den Kutschbock wohl allein nach Hause ziehen“, bekam ich zur Antwort. Mit gespielt strengem Blick grinste er

mich noch einmal an und meinte, ich solle zusehen, dass ich nach Hause käme. Für ihn sei schließlich noch genügend anderes zu tun! Als Junge faszinierte es mich vor allem, wie er mit seiner strengen und imponierenden Erscheinung trotz alledem ein so lustiger und freundlicher Mann war!
Meistens gut gelaunt, aber nicht, ohne vor mich hin zu meckern – es war wirklich eine mühselige Schlepperei – machte ich mich so flott wie es ging mit den zwei Eimern voller Eisstücken auf den Heimweg. Zügigen Schrittes zu Hause endlich angekommen, war meine Zeit für den Schulweg immer recht knapp. Ich begab mich sputend auf den Schulweg. Unpünktlichkeit forderte ihren Tribut und wurde hart bestraft!
Fix meinen Ranzen schnappend, machte ich mich auf den Weg.

Der alltägliche Schulmorgen

Der morgendliche Fußweg zur Schule war für uns natürlich ein überaus bedeutungsvoller Tagesabschnitt. Den Austausch aller Neuigkeiten über das, was sich nach der Schule am Vortag und zu Hause ereignet hatte, besaß allerhöchste Priorität. Im Zeitalter rein verbaler und tastenfreier Kommunikation wurde jedes Detail der Geschehnisse mit Hingabe und ungezügelter Neugier ausgiebig besprochen und tiefgründig ausgewertet.
Im Nachbetrachten der geschilderten Ereignisse waren wir Zuhörer immer klüger als der Berichtende, und jeder hätte grundsätzlich alles besser gemacht. Informationsaustausch war für jeden, der dabei und auf dem Laufenden sein wollte, von allergrößter Wichtigkeit. Hier über Hausaufgaben zu reden, war natürlich nicht unbedingt schick. Dies geschah in der Regel nur, wenn man sie nicht erledigt hatte, und man sich vorher die Angst von der Seele reden wollte. Dies nur für den Fall, dass

man ohne sie erwischt wurde. Mit den üblichen Floskeln beschwichtigten wir den Betreffenden mit der Hoffnung, schon nicht erwischt zu werden. Schnell von jemandem die Hausaufgaben abzuschreiben oder doch lieber mit den Kumpels zu quatschen, war immer das kleine Dilemma der Entscheidungsfindung. Ich hatte da so meine Prioritäten, die auf meinen Zeugnissen von den Lehrern auch hinreichend gewürdigt wurden!
Fast anderthalb Kilometer Weg bis zur Franz-Ziegler-Schule in Brandenburg war zum Quatschen kein allzu weiter Weg. Ähnlich wie beim Geheimdienst unterlagen natürlich alle ausgetauschten Informationen strengster Verschwiegenheit. In geheimen Vorgängen, die nicht für alle Ohren bestimmt waren, wurde natürlich ungemein das Selbstwertgefühl gestärkt.
Hausaufgaben erledigte ich höchst selten, was zu jener Zeit von den Lehrern noch sehr streng geahndet wurde. Der Bestrafung gegenüber war ich sehr gleichgültig.
Den Kopf so mit allen Neuigkeiten vollgestopft, standen wir also zusammen auch recht bald vor der Schule.

Klinkerglanz und Schleimer

Die Schule hatte mit ihren über vier Etagen streng angeordneten Fensterreihen den morbiden Charme einer uralten, kaiserlichen Kaserne. Den schienen sich die Lehrer immer voller Hingabe mit ihr teilen zu wollen.
In einem vorgelagerten, schönen Park zehrte die Substanz dieses riesigen Gebäudes vom Glanz längst vergangener Zeiten. Es war ein alter, klassischer Klinkerbau mit dunkelbraunen Ziegeln, der eine gewisse Strenge und Finsternis verbreitete. Mit viel Heiterkeit und so manchem Unsinn entzogen sich unsere Gemüter dieser Wirkung.

Den Schulhof, von einer zwei Meter hohen Mauer umgeben, betraten wir allmorgendlich durch ein sehr enges, gusseisernes Tor. Ungepflastert wurde der Eingangsbereich bei Regenwetter zu einem einzigen Matschtheater. An den heißen Tagen verwandelten wir uns zu fußläufigen Staubfängern. Den einen wie den anderen Schmutz trugen wir mit unseren dreckigen Schuhen, keine Rücksicht auf die Fußabtreter nehmend, durch das gesamte Haus. Die armen Reinemachfrauen konnten einem schon herzlichst leidtun! Die allgemeine Ordnung aufrechterhaltend und alles genau beobachtend, stand jeden Morgen ein Aufsicht führender Lehrer am Schuleingangstor. Mit starrem Blick und steinernen Gesichtern fiel es jedem Lehrer bemerkenswert leicht, uns zu vermitteln, dass Schule kein Spaß ist. Selten hatte ich mit ihnen einen solch harmonischen Konsens. Der von uns Schülern eingeforderte respektvolle Gruß musste wie ein Tribut entrichtet werden. Die Lehrer erwiderten ihn mit einem besonders streng artikuliertem „Guten Morgen!“ So richtig ernst konnte das natürlich kein Schüler nehmen und auch wenn wir mitspielen mussten, begrüßten uns die Vorlagen unserer Possen bereits am Eingang. Trotzdem war es immer ratsam, schnell das Weite zu suchen. Das Grinsen unserer Gesichter war zu breit, als dass es ein Vorhang hätte bedecken können. In einer Ecke des Schulhofes zum Treff mit den Kumpels angelangt, erheiterten unsere lästernden Betrachtungen unseren Morgentreff. Wie sehr uns die Lehrer mit ihren forschenden Blicken auch nachstellten, das Geschehen der einzelnen Grüppchen entzog sich ihrer kontrollierenden Neugier.

Als Schüler einen Lehrer nicht zuerst zu grüßen, war zu jener Zeit noch undenkbar! An Ort und Stelle folgte mindestens eine deftige Ermahnung. Mancher Lehrer bewertete dies gar als aufsässiges Verhalten, und ein entsprechender Eintrag im Klassenbuch war einem gewiss. Vom eigentlichen Klassenlehrer wurde

diese Meldung schlechten Benehmens mit einer angemessenen Standpauke vor der gesamten Klasse entsprechend ausgewertet. Diese oberste Peinlichkeit wollte sich keiner leisten, und deshalb ließ sich von einem Lehrer keiner gern öffentlich vor den anderen Kumpels zusammenstauchen. Da stand man bei seinen Kumpels dann doch ziemlich doof da, und ihr Lästern hatte unerwünscht reichlich Nahrung.
Andererseits war jeder von uns bemüht, den Lehrer so wenig wie möglich freundlich zu grüßen. Den Eindruck aufkommen zulassen, beim Lehrer schleimen zu wollen, hatte unter uns Kumpels auch so seine Tücken.
In dem reichlich verwinkelten Schulhof versammelten sich die entsprechenden Grüppchen, in die keiner, der nicht dazu gehörte, eindringen konnte, und jede Gruppe pflegte ihre eigenen Rituale. Inwieweit auch hier über die zu erledigenden Hausaufgaben geredet wurde, muss ich an dieser Stelle offen lassen. Darüber habe ich so gar keine Erinnerungen.
Mein allmorgendliches „Vorschulvergnügen" bestand in erster Linie darin, genügend Zeit zum „Tengern" spielen zu haben. Ein Spiel, in dem es für unsere Verhältnisse um viel Geld ging. Mit einem Abstand von ungefähr zwei Metern zur der Wand wurden in einer vorher abgesprochenen Reihenfolge, Pfennige am Boden zur Wand geworfen. Dazu bedurfte es einigen Geschicks. Wessen Pfennig am nächsten zur Wand lag, wenn keiner mehr einen Pfennig zum Nachwerfen besaß, hatte den ersten Teil des Spieles mit allen daliegenden Pfennigen gewonnen. Bei dem nachfolgenden Fangritual konnte man schließlich all jene Pfennige behalten, die nicht zu Boden fielen. Natürlich war in der Schule das Spielen um Geld strengstens verboten. Wurde man erwischt, gab es mindestens einen Tadel und das Geld wurde ohne viel Federlesen von den Lehrern konfisziert. Selbstverständlich sah man von den Pfennigen auch nichts mehr wieder.

Obwohl die Lehrer sehr genau wussten, was wir dort trieben, bot sich ihnen kaum die Gelegenheit, uns in flagranti zu ertappen. Organisatorisch waren wir recht gut aufgestellt. Ähnlich den Erdhunden stand einer von uns immer „Schmiere“. Drang der Lehrer bis zum Kern der Spieler vor, klimperten die Pfennige schon längst in unseren Hosentaschen und keiner konnte vom Lehrer irgendeines Vergehens bezichtigt werden.

Trödelei und Pünktlichkeit

Während wir noch so vor uns hin feixten, bedeutete uns ein lautes Klingelzeichen das Spielende und den Beginn des Unterrichtes. Alle sahen zu, schleunigst in ihre Klassenzimmer zu verschwinden. Morgens nicht pünktlich zum Unterricht zu erscheinen war, aus welchem Grund auch immer, alles andere als vorteilhaft. Es sei denn, man hatte von den Eltern eine detaillierte, schriftliche Entschuldigung. Wenn man diese nicht vorlegen konnte, gab es von den Lehrern sofort einen Eintrag ins Hausaufgabenheft.

So standen doch einige Male im feinsten Hochdeutsch in meinem Hausaufgabenheft folgende Worte: „Klaus Dieter kam ein weiteres Mal zu spät zum Unterricht“. Die nun zwingend von den Lehrern eingeforderte Unterschrift durch einen Elternteil führte zu Hause unweigerlich zu Problemen.

Für das morgendliche Zuspätkommen in der Schule oder zu sonstigen Unterrichtsstunden war bei meinen Eltern eine plausible Erklärung praktisch ausgeschlossen. Außer, dass ich tatsächlich herumgetrödelt hatte, gab es für sie auch keinen anderen wesentlichen Grund und eben keine Entschuldigung. Also war es für sie klar und leicht festzustellen, dass ich wieder einmal herumgetrödelt hatte. Ihre obligatorisch nervige und zugleich schwierigste Frage, warum ich eigentlich zu spät gekommen bin, konnte ich selten genug zu meinen Gunsten sinnvoll beantworten. Auf dem Weg zur Schule hätte ich schließlich nichts anderes zu tun gehabt, als pünktlich in dieser selbst anzukommen.

Da die Begrifflichkeit des „Herumtrödelns“ einer sehr differenzierten Interpretation von Eltern und Kindern unterliegt, befand ich mich an dieser Stelle in der sehr misslichen Lage, eine Erklärung abgeben zu müssen, die in keinem Falle ausreichend gewesen wäre, um für mich auch nur ein hinreichend entlastendes Argument vorbringen zu können. Da Kinder auch mal etwas zu erledigen haben, was Eltern nicht unbedingt erfahren durften, war dies ein Grund, der für mich eine aufhellende Antwort über die Gründe des Herumtrödelns als entlastende Erklärung praktisch ausschloss. Es kam also nur das allgemeine und damit zu ahndende Herumtrödeln als Tatbestand in Frage. Das musste jetzt hinreichend geklärt werden. Zum einen mit der Frage, ob ich herumgetrödelt habe und wenn ja, warum?

Grundsätzlich war im Tonfall dieser weiter um Aufklärung bemühten Fragestellung hintergründig auch die Drohung vorhanden, für das dann Aufgeklärte gleich eine „geklatscht“ zu bekommen. Da die Handschläge meiner Mutter ins Gesicht, im Allgemeinen „Backpfeifen“ von uns genannt, „nicht von schlechten Eltern waren“, musste auch meine Ausrede, um dies zu verhindern, „nicht von schlechten Eltern sein“. Das war aber verdammt schwierig! So stand ich denn auch lieber schweigend vor meiner Mutter und hatte das Haupt gesenkt. Angestrengt grübelnd auf den Boden blickend und meine Hände vor dem Schoß haltend, verwanden sich meine Finger zu einer spiralförmig spastischen Struktur, die ich nur noch mit einer guten Ausrede entwirren konnte.

Während sich mein Kopf noch emsig mit dem Zurechtbasteln

einer Ausrede befasste, unterbrach sie äußerst ungeduldig mein Schweigen. Mit der im deutlich schärferen Tonfall gestellten Frage bemühte sie sich jetzt noch herauszufinden, ob ich etwa gar auch noch bockig sei. Meine sofort verneinende Antwort, bockig zu sein, führte zu ihrer Annahme, dass ich dann ja endlich einmal erklären könne, warum ich dann also zu spät in die Schule gekommen sei. Denn ich wisse doch ganz genau, dass ich dort pünktlich zu erscheinen habe. Meine Bestätigung, zu wissen, dass ich pünktlich in der Schule sein muss, führte nun wieder zu der nach wie vor noch nicht geklärten und schwierigen Frage, warum ich denn also herumgetrödelt hätte, da ich doch genügend Zeit gehabt hätte, pünktlich in die Schule zu erscheinen.

Auf der Wippe dieser Frage saß ich leider immer auf der falschen Seite, nämlich ganz weit oben!

Mit sehr wenig wesentlichem Erkenntnisgewinn über das Herumtrödeln selbst und noch weniger Erhellendem darüber hinaus endete das Gespräche mit der in aller Strenge verkündeten Androhung: „Kommt das noch einmal vor, setzt es was!"

In freier Übersetzung bedeutete dies immer eine ordentliche Tracht Prügel. Weiterhin betröpfelt und kleinlaut dastehend, bekräftigte ich die auch wieder im scharfen Tonfall gestellte Nachfrage: „Hast du das Verstanden?" mit einem klaren „Ja!"

Dieses hin und wieder anstehende Ritual, mir die Wichtigkeit des pünktlich Seins in der Schule nahezubringen, endete bei mir mit dem stillen und konsequenten Gedanken „So ein Mist!"

Ohne Prügel und glücklich darüber, keinen Stubenarrest bekommen zu haben, den ich in jeder Hinsicht grundsätzlich als ungerecht empfunden hätte, war auch so mein Gefühl, schuldig zu sein, in solchen Dingen sehr gering ausgeprägt. Es war ja nicht unbedingt mein Wille, zur Schule zu gehen. Von Wollen konnte da bei mir wirklich keine Rede sein. Das musste ich!

Schule betrachtete ich immer als eine Einschränkung für das, was ich anderen Ortes mit meinen Kumpels viel lieber getan hätte. Die Diskrepanz meiner schulischen Leistungen und meines außerschulischen Fleißes hatte leider immer ein sehr unausgeglichenes Niveau. So führte ein einfacher Eintrag ins Hausaufgabenheft oftmals zu einem nicht enden wollenden Herumdrucksen, Verschweigen „großer Geheimnisse“ und zu unendlichen Erklärungsnotständen für alles Mögliche. Denn das, was hinterfragt wurde, hätte von mir nie befriedigend beantwortet werden können.

Da die Lehrer zu meinem großen Leidwesen grundsätzlich so lange herumnörgelten, bis sie die geforderte Unterschrift von den Eltern für den Eintrag vorgelegt bekamen, versuchte ich wenigstens in der Regel pünktlich in der Schule zu sein. Was manch einer an dieser Stelle vielleicht als erzieherischen Erfolg betrachtet, war von meiner Seite der einfache Versuch, den Kopf aus der Schlinge zu ziehen. Nicht jede von den Eltern durchgesetzte Pflichterfüllung führte auch zu der Einsicht, dass dies richtig sei! So wenig wie ich diesem Anspruch zu einer solchen Einsicht genügte, so sehr war der erzwungene Schein nichts weiter als eine schmutzige Fensterscheibe, die man für einen Spiegel hält. An diesem Morgen jedenfalls war ich pünktlich in der Schule und der Unterricht nahm an diesem Tag – bis zur fünften Stunde – seinen gewohnten Lauf. Wir befanden uns gerade im Deutsch- bzw. Literaturunterricht. Literatur war eins von den wenigen Fächern, das meinen Neigungen am nächsten kam. Ich las sehr gern und viel. Märchen, Geschichten aller Art und besonders Gedichte machten die Kinderbücherei zu meinem zweiten Kinderzimmer. Ähnlich wie das Erledigen von Hausaufgaben nicht zu meinen hervorzuhebenden Stärken zählte, lernte ich zu Hause auch kein Gedicht. Den Mangel an Fleiß konnte ich im Literaturunterricht auf andere Art und

Weise ausgleichen. Durch meinen Nachnamen, der mit P beginnt, kam ich zur Gedichtkontrolle immer etwas später dran. Wenn ich ein Gedicht im Unterricht ungefähr vier- bis fünfmal gehört hatte, konnte ich es in der Regel. Eine drei war sozusagen immer drin. So konnte meine Faulheit gelegentlich mit der Begabung Versteck spielen, und das Lob „Das hast du aber prima gemacht, Klaus Dieter!" zierte für einen kurzen Augenblick meine Eitelkeit. So hatte auch ein gewöhnlicher Schultag schon ein Stückchen seines Laufes genommen, als sich mein Leben völlig verändern sollte.

Als mich der Tod besuchte

Plötzlich, mit einem leisen Klopfen, wurde die Klassenzimmertür geöffnet. Seltsam zaghaft und mit angespanntem Gesichtsausdruck betrat die Schuldirektorin das Klassenzimmer. Sie schaute suchend in den Klassenraum. Mich ansehend ging sie auf meine Klassenlehrerin zu. Sie deutete mit ihrem intensiven Blick nochmals auf mich hin und flüsterte ihr etwas ins Ohr. Das erblassende Gesicht meiner Klassenlehrerin noch wahrnehmend, bat mich die Direktorin, sie nach draußen zu begleiten. Natürlich waren auch in der Klasse alle Blicke sofort auf mich gerichtet. Ich fühlte mich wie bei irgendetwas ertappt. Noch hatte ich keine rechte Ahnung, was da auf mich zukam. Eigentlich war ich zu diesem Zeitpunkt mit meinem Gewissen im Reinen und mir keiner Schuld bewusst. Mit besonders sanfter und besorgter Stimme bat mich die Direktorin, sofort meinen Ranzen einzupacken und diesen auch gleich mitzunehmen. Einigermaßen verunsichert folgte ich der Aufforderung, packte meine Schulsachen ein und ging nach vorn zur Direktorin. Es irritierte mich einigermaßen, und es war für mich auch höchst peinlich,

als sie mich vor der ganzen Klasse sehr fürsorglich an die Hand nahm und mit mir gemeinsam das Klassenzimmer verließ.
Nach wenigen Schritten blieb sie stehen.
Leise, fast flüsternd und freundlich fragte sie mich, ob ich gewusst hätte, dass es meiner Mutter, die schon einige Zeit schwanger im Krankenhaus gelegen hatte, schlecht ginge. Verwirrt sah ich sie an, zuckte mit meinen Schultern und stammelte, dass ich davon keine Ahnung hätte.
Sie schaute mich noch einige Momente sehr besorgt an und fast mit Tränen in den Augen teilte sie mir mit, dass meine Mutter im Krankenhaus verstorben sei!
Völlig verwirrt und absolut nichts begreifend, stand ich einige Augenblicke vor ihr.
... ich starrte in den leeren Gang ...
Ich hätte vielleicht weinen müssen, aber ich konnte es nicht. Eine seltsame Leere bemächtigte sich meiner Sinne. Mit meiner Verwirrung noch ringend, zupfte sie mich behutsam am Ärmel und sagte zu mir: „Klaus, es tut mir sehr leid für dich! Du musst jetzt sofort nach Hause gehen."
In mir sträubte sich erst einmal alles, nach Hause gehen zu müssen. Meinem Zuhause fehlte jene magische Anziehungskraft, sich als Kind darauf zu freuen, dort anzukommen. Es war ein Ort, an dem ich ankam, weil ich dorthin gehen musste und von dem ich fortging, wenn ich fortgehen musste. Nach Hause zu gehen war immer ein langer Weg. Wenn ich weggehen konnte, rannte ich gern. Die schönen und freudvollen Erlebnisse meiner Kindheit hatten mit meinem Zuhause nichts gemein. Was mich als Kind glücklich machte, fand ich immer in der Fremde. Denn die Pflastersteine meines Heimweges waren mehr die Befürchtungen vor den rauen Erziehungsmethoden meiner Eltern. Ein Zuhause für mein emotional oft verwirrendes und in vielen anderen Dingen sehr chaotisches Leben hatte für mich die Balance

der räumlichen Zuordnung meines Lebens in einer unterkühlten familiären Gebundenheit. Das kannte und fühlte ich nicht anders.
Trotzdem, so sehr ich als Kind auch unter schwierigen, teils sehr bedrückenden Verhältnissen lebte, schloss dieses in der kaltherzigen Familie eingebundene Leben den Gedanken aus, woanders leben zu wollen. Es mag seltsam erscheinen: Zu jener Zeit, egal, wie gut es mir anderen Orts vielleicht ergangen wäre, hätte kein Vorteil anderer Lebensumstände die Sehnsucht nach meinem Zuhause einfach auslöschen können.
Doch dies sollte sich ändern!
Auch wenn es irgendwie zu meinem Lebensrhythmus gehörte, ständig in einem großen Spannungsfeld der Emotionen leben zu müssen, waren die Umstände nun völlig andere. Die Klarheit der sonst zu erwartenden Schelte und ihrer folgenden physischen Maßregelungen wich einem Gefühl momentaner großer innerer Zerrissenheit, mit der ich nicht wusste, wie ich mit ihr umgehen sollte.
Der Tod, auf den ein Kind nicht vorbereitet sein kann und der jetzt so plötzlich in mein Leben trat, stürzte mich in ein gedankliches Desaster. Irgendwie spürte ich den kommenden Sturm, der meine Familie wie einen Haufen Papierfetzen auseinanderreißen würde. Unsere familiären Zerwürfnisse konnten solch einem Ereignis einfach nicht gewachsen sein.
Natürlich beschämte es mich, den Tod meiner Mutter nicht als großen Verlust zu empfinden. Die Erlösung von ihren unkontrollierten Wutausbrüchen mit ihrer ständig uns schlagenden Hand verdrängte alle anderen Emotionen. Vielmehr hatte die sich in mir augenblicklich ausbreitende Ahnung keinerlei Hoffnung auf etwas Gutes.
Über diese Gedanken mehr instinktiv schweigend, ließ ich jeden mir gegenüber in dem Glauben, mit der Traurigkeit über

den Tod meiner Mutter eine große Last in meinem Herz zu tragen. Was ich wirklich verlieren sollte, konnte die Direktorin nicht wissen.
Ich konnte nicht weinen. Zu sehr war ich mit dem Versuch beschäftigt, das über mich hereinbrechende Chaos mit den Gedanken meines Bauches auszubalancieren. Was kaum gut möglich war!
Wie ich da nun, konfrontiert mit dieser Nachricht, immer noch nachsinnend verharrte, zupfte mich die Direktorin noch einmal sanft und behutsam an der Schulter und bat mich mit den Worten „Nun Klaus, es ist jetzt an der Zeit, endlich nach Hause zu gehen", den Heimweg anzutreten. Sie sagte es mit einem so freundlichen Klang in ihrer Stimme, dass eine gewisse Sehnsucht in mir aufbrach.
Es gibt Momente im Leben, da hat die Sehnsucht das Leben einer Sternschnuppe. Sie fliegt nur so schnell vorbei, um in Erinnerung zu bleiben. In diesem durcheinandergeratenen Zustand stammelte ich noch ein ziemlich zerfahrenes „Auf Wiedersehen!" heraus, raffte mich auf und begab mich auf den unvermeidlichen Heimweg.

Der andere Eismann

Mein Heimweg schien mich plötzlich durch eine andere Welt zu führen. Die mir in allen Details so sehr vertraute Umgebung meines Heimweges schien sich von einem Augenblick zum anderen vollkommen verwandelt zu haben. Fast schemenhaft erschienen mir jetzt die Bilder altvertrauter Häuser, Läden, Litfaßsäulen, Telefonzellen und was sonst noch das Leben auf der Straße in Bewegung hielt. Jeder einzelne Pflasterstein kannte meinen Tritt. Es schien, als sei die Welt im Dunst eines aufkommenden Nebels versunken. Meinen Gedanken fehlte jede Klarheit, um sich darin nicht zu verirren.

Die Schritte meiner Füße wollten den Weg nach Hause auch nicht gehen – ein Weg, den sie sonst auch in absoluter Finsternis sicher gegangen wären. Fremd und unwirklich schienen mich die Gesichter bekannter Menschen anzustarren.

Was erwartete mich? Was zuvor in meinem Leben klar und unabänderlich erschien, gehörte von einem Augenblick zum nächsten für immer der Vergangenheit an. Als hätte sich mein Leben, windend wie eine Schlange, gehäutet.

Bis zu diesem Zeitpunkt hatte meine Mutter bereits schon zwei Wochen im Krankenhaus gelegen. Während dieser Zeit trottete unser Familienleben auf eine sehr seltsame Weise in allen Dingen vor sich hin.

Mein Stiefvater hüllte sich in ein fürchterliches Schweigen. Sein sonst schon sehr mürrisches Wesen schien in dieser angespannten familiären Situation geradezu aufzublühen. Er war ein Mensch, für den die Sprache als Mittel der Kommunikation scheinbar nur existierte, um der Welt sein mürrisches Wesen auch verbal zu manifestieren. Seine hagere Gestalt mit den auffällig kantigen Gesichtszügen vermischte sich mit seinem spröden und unversöhnlichen Charakter. Geradezu allergisch gegen jede Freundlichkeit und menschliche Zuwendung lebte ich mit meinen Geschwistern im ständigen Spannungsbogen dieser latenten Drohungen.

Sein imperatives „Komm her!“, oder „Es setzt gleich was!“, prägten die Klangbilder seiner Tonleiter. Es war so poetisch wie das Zusammentreffen zweier Dampfloks auf Kollisionskurs. Es krachte immer.

Die Last seines Lebens zu sein, war für alle, vor allem für uns Stiefkinder, die wir nicht seinen Namen trugen, eine nervenauf-Reibende Realität. Wie vor einem fremden bösen Mann befand ich mich in seiner Anwesenheit ständig auf der Flucht vor ihm. Ihn zu fürchten, war eine zwingende Gewohnheit, sich in jeder Hinsicht vor ihm zu schützen. Es war geradezu ein zermürbendes Mühsal für mich und meine Geschwister, in seiner Gegenwart über lustige Dinge lachen zu können. Sein Argwohn gegen jeden und alles fesselten sein Herz und sein Lachen. Sein Lachen lernte niemand kennen. Ihn anzublicken, genügte, um es in seiner Anwesenheit im Haus still werden zu lassen. Die Landschaft seiner Seele befand sich in einem tiefen Dauerfrost, in der wir Kinder froren und leben mussten.

Andererseits war ich absolut kein Kind, dessen Seele allzu lange den Unzulänglichkeiten seiner Lebensbefindlichkeiten verhaftet war. Zu den mich oft niederdrückenden Erlebnissen meiner Kindheit durch den Stiefvater blieben mir wenigstens meine Begleiter treu, auf die die Seele junger Menschen nie verzichtet. Denn Heiterkeit und Lachen flüchten ja nur vor dem, der sie fesseln will. Auf der ständigen Flucht vor meinem Stiefvater war ich also trotz alledem immer in allerbester Gesellschaft.

Durch die Tür unseres Hauses tretend, bestimmte die zu gehende Richtung den Zustand meiner Befindlichkeiten. Nach Hause kommen verband sich in der Regel mit der Erwartung einer Strafe für irgendetwas. Konnte ich der Haustür den Rücken kehren, wartete auf mich das kleine Universum harmloser Vagabunden. So entwickelte ich meine eigenen Verhaltensstrukturen. Der negativen Erwartung mit größter Gleichgültigkeit zu begegnen, war nur möglich, wenn ich ihr ein für mich sinnvolles Anderes entgegenstellen konnte.

Es ist jene unverdrossene Kraft des Lebens selbst, auch dort die heiteren Momente aufblühen zu lassen, wo man glaubt, sich gegen den Stumpfsinn kaum noch erwehren zu können. Manch fabrizierter Unsinn bereitete mir oft so viel mehr Vergnügen, dass die nicht zu vermeidende Strafe ein mit kindlicher Naivität kalkuliertes Risiko war. Ein Risiko, das ich unter Abwägung aller nachteiligen Umstände gern vernachlässigte. Es wäre für mich kaum möglich gewesen, fortwährend bedrückt und verängstigt zu leben. Das man dann auf diesem Weg nicht unbedingt von den besten Ratgebern begleitet wird, liegt in der Natur der Sache. Manches Kind jener Zeit wird sich daran erinnern, welch verheerende Folgen die „Hilfe" eines damaligen Jugendamtes hatte, das nach Beendigung eines Eltern/Kind-Gespräches in der häuslichen Nachbearbeitung dann nicht mehr anwesend war. Die Geburtsstunde der Fehlentwicklung eines Kindes begründet sich immer aus der Summe elterlichen Versagens und der Begrenztheit der Gesetze der Ämter. So wie in der Welt der Erwachsenen die Diplomatie den nicht zu verhindernden Kriegen vorrausgeht, um ihn dann mit derselben Diplomatie beenden zu wollen, konnte ich als Kind keinesfalls darauf hoffen, den Schlägen der Erziehung zu entkommen. Den pädagogischen Scheininterventionen von Ämtern und Lehrern folgte in der Regel die Fortsetzung der Erziehung derer, die in der Schuld des Versagens standen. Ein grün und blau geschlagener Rücken begreift das nachhaltig und auf seine Weise.

Es brauchte einiges an Jahren, bis ich begreifen konnte, dass wir Stiefkinder absolut nichts hätten tun können, wofür uns unser Stiefvater auch nur einen kleinen Funken Zuwendung entgegengebracht oder ein einfaches freundliches Wort für uns gefunden hätte. Er lebte in der Öffentlichkeit vom Schein der Bedeutung seiner Uniform als Strafvollzugsbeamter. Den Tribut der Verachtung durch ein Leben ohne Freunde entrichteten wir im Alltag unserer Kindheit.

Die Beschränktheit mancher Eltern, ihren Kindern Lebenswerte zu vermitteln, bedeutet nicht, kein liebenswürdiger Mensch zu sein. Doch die ungewöhnlich finstere Gesinnung meines Stiefvaters hatte keinen Platz für Wohlgesonnenheit und Gü-

te gegenüber anderen. Ich konnte es nie ertragen, dass sich die Schatten seiner dunklen Aura über sein gesamtes Lebensumfeld ausbreiteten.
Für mich stellt es insgesamt eine der schlimmsten Formen der Kindererziehung dar, wenn Gewaltanwendung zur Erziehung im Besonderen von der Person ausgeübt wird, die am wenigsten Lebenswerte vermittelt.

Wo die Liebe bleibt

Im Schatten leben jene Geister,
deren Leben das Licht bewegt.
Heuchelnd folgen sie den Strahlen,
ohne Sonne wären sie Nacht.
Gleichsam fürchten sie,
was sie entstehen lässt.
Ihre Gunst schenkt Finsternis,
trittst du ein in ihr Gefilde.
Mit ihrem zugewandten Blick
bist du selbst der Schatten.

Ihn dafür zu hassen, war nicht meine Option. Denn dem Hass ist die Klarheit der gescheiterten Verbundenheit innewohnend.
Zu jener Zeit konnte ich mit den Wirrnissen meiner Kinderzeit noch nicht zu dieser Klarheit gelangen. Die Dimension dessen, dass Kinder zu dem werden, was wir ihnen geben, wird später umso deutlicher, je weniger wir es ihnen geben. Tragisch ist es, wenn der Irrtum von Gewalt in der Erziehung von Kindern erst ein Ende findet, wenn man aus diesem Leben flüchten kann – aus einem Zuhause, das die eigentliche Zuflucht und Geborgenheit für ein Kind sein sollte.

In der Gewohnheit der Schattenseiten meines Lebens waren das Suchen und die Hinwendung zu etwas Besserem eine Sehnsucht, die unerfüllt blieb. Es zerfrisst einem das Herz oder es wird zu Stein.
Das Desaster, in dem ich eingebunden in meiner Familie lebte und dem ich nicht so ohne weiteres entfliehen konnte, blieb den Anderen meistens fremd. Aber das Urteil ihrer Bewertung war zugleich die erste und letzte Berührung, die sie mit meinem Leben hatten. Der Ort, an dem sich die Dinge hätten ändern müssen, blieb mein Zuhause. Aber Illusionen sind die Schrecken der Alpträume und ich lebte zu lange in diesem „Zuhause", als das ich Hoffnung darauf haben konnte, dass sich da etwas hätte zum Guten wenden können.
Zu wenig verknüpfen wir das Versagen der Kinder mit der Frage, ob es wirklich sie waren, die versagt haben. Kinder hören ja nie auf zu hoffen, dass ihre Eltern einmal liebevoller mit ihnen umgehen werden. Was mir blieb, war das Suchen nach ihrer Liebe, selbst als sie versagten, wenn sie mich schlugen! Auch meinen Stiefvater hasste ich nicht zwangsläufig, weil er mir die (stief-)väterliche Liebe verweigerte.
Wenn Kinder hassen sagen, dann meinen sie die Wut, die es manchmal braucht, um für etwas zu kämpfen! Hass ist aber eher das Alibi Erwachsener, wenn sie aufgehört haben, über etwas wütend zu werden.
Im Gegensatz zur Liebe, die, einfach geschenkt, gern ewig bleibt, braucht der Hass viel Nahrung, um zu bleiben, wenn er da ist. Dort wo die Liebe im Leben die Eintracht der Bindungen auch durch Vergebung sucht, verschließt der Hass gern alle Tore und paktiert mit der dauerhaften Verweigerung von Vergebung. Das alles kann eine Kinderseele gar nicht leisten.
In der Realität meines Alltages war Angst ein überwiegender Ersatzzustand für mein Denken. Dinge einfach und vernünftig

zu tun, fiel mir schwer. Dafür hatte ich kein angemessenes Empfinden, und Aufmerksamkeit für mich erregte bestenfalls meinen Widerstand.

Der fatale Irrsinn in meinem Elternhaus, mit Beliebigkeit Strafen zum Maß der Dinge zu machen, ließ mich zu selten in der Welt ankommen, in der andere Kinder lebten. In der Welt, in der ich lebte, wurde ich zu einem verlorenen Kind. Die Ahnung, dass mein Zuhause das Vorzimmer böser Geister war, verführte mich dazu, mit all meinen Unfertigkeiten an anderen Orten in meiner eigenen Welt zu leben. Eine Welt, in der mein Wertempfinden sich im Wesentlichen darauf reduzierte, unsinnige Dinge zu tun und dabei nicht erwischt zu werden. Es ging für mich nicht mehr darum, wie andere Kinder vernünftig zu sein, denn in meinem abstrusen Elternhaus war es schwierig, etwas Vernünftiges zu werden.

Dem bloßen Gehorchen folgte kein sinngebendes Ziel...

Ich erinnere mich, wie meine musikalische Neigung ihr jähes Ende fand, als ich sieben Jahre alt war. Meine Eltern verwehrten mir den Besuch der Musikschule zum Geigenunterricht. Es war ihnen die zehn Mark Ausbildungskosten im Monat nicht wert, und die fünf Jahre im Schulchor konnten meinen Gram über diesen Verlust nie versiegen lassen. Mit stillem Neid hörte ich anderen zu, wenn sie im Musikunterricht auf ihren Instrumenten etwas vorspielten – ich musste gehorchen, ohne Ziel.

Irgendwann wollte ich dann grundsätzlich nicht mehr vernünftig sein. Auch mein Rechtsempfinden beschränkte sich darauf, dort Unrecht zu empfinden, wenn Andere mich in dem, was ich tun wollte, behinderten. So wurde vieles von dem, was mein Stiefvater und meine Mutter zerstört hatten, später für meine Umwelt zu einem gefürchteten Alltag.

Die Gebärdensprache der Gewalt wird immer zu einem giftigen Cocktail für Kinder, wenn der Vollzug der Strafe durch ihre All-

täglichkeit mit der stärker werdenden Gleichgültigkeit korrespondiert. Der Schrecken verliert seine Wirkung, und die Wirkung selbst ist erschreckend.
Seine eigenen Kinder (meine Stiefgeschwister) und die Kinder, die er mit meiner Mutter zusammen hatte (meine Halbgeschwister), bedachte mein Stiefvater mit etwas weniger Grobheiten. Deren Hintern verprügelte er mit hoch gezogenen Hosen. Sein unnachgiebiges und hartes Wesen „schützte" uns Stiefkinder davor, auf diesen weniger rigiden Umgang mit seinen leiblichen Kindern eifersüchtig zu sein. Er war wohl trotz der Familie, die er ja nun hatte und die er sich ja selbst gewählt hatte, ein ewig einsamer Mensch, begleitet von unserer ständigen Furcht, die er verbreitete. Es wird sein Geheimnis bleiben, wie er als Mensch damit gelebt hat, von den eigenen Kindern gefürchtet zu werden.
Während der Zeit, in der meine Mutter im Krankenhaus lag, erledigten wir Kinder den Alltag im Haus so gut, wie es eben ging. Solange wie sie hochschwanger im Krankenhaus lag, redete er mit uns über sie kein Wort. Wenn er sie besuchen ging, sagte er immer nur, er ginge ins Krankenhaus und sei dann und dann zurück. Mit uns Kindern die Mutter im Krankenhaus gemeinsam zu besuchen, kam ihm überhaupt nicht in den Sinn. So war unsere Mutter schon viele Wochen vor ihrem eigentlichen Tod für uns gestorben. Scheinbar ohne mit uns je darüber geredet zu haben, hatte ihn die Ahnung ihres Todes bereits lange begleitet.

Familienbande im Sturm

Auch wenn es ein furchtbarer Gedanke ist, in gewisser Weise wurden die Krankenzeit und letztlich der Tod meiner Mutter zu einer Art Erlösung für uns Stiefkinder. Sie konnte uns nicht

mehr wehtun, und auch die Schläge des Stiefvaters hatte ein jähes Ende. Wenngleich sein Wesen sich deshalb nicht grundsätzlich änderte. 1970 mussten sich Eltern noch nicht sehr schämen, wenn sie mit den lieben Verwandten darüber plauderten, wie sie ihren eigenen Kindern „den Arsch versohlten"! Ungleich größer war für mich als Kind die Scham, geprügelt zu werden. Als Junge schämte ich mich bis auf die Knochen, wenn mich die lieben Verwandten dann noch so eindringlich anschauten und ich wusste, dass sie es wussten, wie ich durchgeprügelt wurde! Bei einer Tasse Kaffee wurde den lieben Verwandten auch gern einmal erzählt, welchen Mist ich gebaut hatte und dass ich dafür eben eine „ordentliche Tracht Prügel" bekommen hätte. Obendrein bemühte sich meine Mutter in besonderer Weise, jedes Detail der Strafe in aller Klarheit darzustellen. Jetzt wussten also Onkel und Tante, dass mein Hintern und die Hinterseite der Oberschenkel grün und blau geprügelt worden waren.
Dass ich mehrere Tage nicht ohne Schmerzen laufen konnte und der brennende Schmerz mich viele Nächte nicht schlafen ließ, fand bei niemandem Beachtung. Natürlich hatte ich auch jämmerlich geschrien und meine Mutter hoffte, dass ich es endlich einmal begreifen würde, dass ich zu „spuren" hätte.
In der Regel folgte von Tante und Onkel in aller Unbedarftheit mit einem breiten Lächeln noch der Spruch: „Tja, wer nicht hört, muss fühlen!"
Es war ein furchtbares Gefühl des Verrates, von den eigenen Eltern vor anderen Menschen auf diese Weise bloßgestellt zu werden und zu wissen, dass sie einen nicht beschützen werden, weil es für sie keinen Grund gibt, die eigenen Kinder zu lieben. Es war eben selbstverständlich, bei jeder Gelegenheit mit der Hand ins Gesicht zu schlagen. Die hochstehenden Ringe meiner Mutter wurden neben der hübschen Zierde am Finger für mein Gesicht häufig zu einer recht blutigen Angelegenheit. Für den

physisch gröberen Teil der Erziehung war in der Regel der Stiefvater zuständig – sei es nun mit dem Koppel seiner Dienstuniform oder dem Teppichklopfer, um uns „das Jack-Stück voll zu hauen!"
Zum Vollzug der Strafe kamen immer recht unterschiedliche Strafutensilien zum Einsatz. Dazu musste ich selbst den Hocker in die Küchenmitte stellen und mich dann mit dem nackten Hintern darüberlegen. Mit wuchtigen Schlägen vom Oberschenkel bis in den Rücken hoch schlug er auf meine dorsalen Strukturen ein, als sei es das Selbstverständlichste der Welt. Die ständige Wiederholung ließ mich auch lange glauben, dass dem so sei. Zu guter Letzt oblag die Reinigung der Küche durch herumspritzendes Blut selbstverständlich als Verursacher und als letzter Akt des Geschlagenen mir.
Ich glaube, auch zu jener Zeit war dies nicht weniger kriminell als heute...
Als ehemaliger Strafvollzugsbeamter im Strafvollzug Brandenburg tätig, mag mein Stiefvater in diesem Gemäuer verroht sein und sein Herz verloren haben. An seine Kinder jedenfalls hatte er kein Herz und keine Liebe zu verschenken. So war es für mich mehr als wohltuend und bemerkenswert, seit zwei Wochen nicht mehr geschlagen worden zu sein, und es war ein sehr argwöhnischer Frieden für meinen Körper und meine Seele!
Einhundertfünfundachtzigtausendsechshundertdrei Gedanken an all diese Dinge begleiteten mich an jenem Tag auf meinem Weg nach Hause. Es lag nicht in der Macht meines Willens, über all das nicht zu grübeln. Ich war auf seltsame Weise sehr zornig darüber, dass ich nicht an etwas Besseres denken konnte. Meine Erinnerung unterlag dem Zwang des Erlebten. Zu guter Letzt, im diesigen Dunst des Nebels meiner Gedanken, fanden meine Schritte auch ohne die Klarheit meiner Sinne den Weg zum Tor des heimischen Gartens.

Der Zorn der Ärmlichkeit

Als ich von der Schule nun endlich zu Hause ankam und wie üblich erst einmal in die Küche ging, erwartete mich dort schon mein Stiefvater. Er sagte einfach zu mir: „Eure Mutter ist im Krankenhaus gestorben."

„Ja, die Direktorin hat mir das in der Schule schon gesagt", antwortete ich und schwieg recht hilflos. Verlegen und unsicher stand ich da. Ich wusste nicht, wie ich mit dieser Situation umgehen sollte. Aus meiner Unbeholfenheit erlöste er mich, als er, ohne ein weiteres Wort zu sagen, die Küche verließ.

Über meine Mutter hörte ich ihn nichts mehr reden, zumindest nicht in meiner Gegenwart. Ob ich der Fremde war oder ob sie durch ihren Tod für ihn zu einer Fremden geworden war, werde ich nicht mehr erfahren.

Aber es klang sehr erbärmlich: „Eure Mutter"! Es klang so, wie ich sie als meine Eltern erlebt hatte. So wenig, wie sie mir zeigten, dass sie mich liebten, so wenig zeigten sie uns, dass sie sich liebten. Doch die raue Schale seines Charakters kannte ich zum Fürchten gut. Ob er in der Tiefe seiner Seele zu anderen Empfindungen fähig war, liegt im Dunkeln...

Apathisch, antriebslos und uns Kindern gegenüber sehr gleichgültig ließ er die Tage danach einfach dahingehen. Stundenlang im Sessel sitzend, rauchte er an seiner Zigarre, trank unheimlich viel Kaffee und reagierte, egal womit man ihn ansprach, gereizt und bedrohlich.

Wir bemühten uns, schleichenden Fußes durch das Haus zu gehen, immer befürchtend, ihn wegen irgendwelcher Kleinigkeiten unnötig zu reizen. Keiner von uns wollte das Risiko eingehen, seinen jetzt scheinbar ruhenden Zorn zu wecken! Die Tatsache, dass das Neugeborene während der Geburt verstorben war, fand bei ihm keine weitere Erwähnung, und niemand von uns wollte sich danach erkundigten. Erst später hatten Verwandte es mir erzählt. Dem kleinen Leben war das Los erspart geblieben, eines Tages von uns zu erfahren, dass sich über sein Kommen keiner wirklich gefreut hatte. Für uns Stiefkinder wurde die Verweigerung der elterlichen Liebe mit zunehmendem Heranwachsen der jüngeren Stiefgeschwister immer deutlicher spürbar. Dessen waren wir uns sehr bewusst und mussten damit, jeder auf seine Weise, leben und zurechtkommen.

In der Ärmlichkeit unserer Großfamilie herrschte unter uns Stiefkindern auch große Klarheit darüber, dass ein weiteres Geschwisterkind für uns bedeutet hätte, als Große entbehren zu müssen, was die Kleinen nun bekommen.

Denn wenn wir teilten, taten wir es im Zorn! Die Entbehrungen fielen vor allem uns zu, die wir den alten Namen unserer Mutter tragen mussten. Das kleine Leben hatte nicht einmal die Chance, einen Namen zu bekommen, und ich weiß nicht einmal, ob und wo es wenigstens ein Grab bekommen hatte.

Da ich auch zur Beerdigung meiner Mutter nicht mitgehen durfte, habe ich auch von ihrem Grab nie etwas erfahren. Mein Stiefvater, den ich nach dreißig Jahren auf gemeinsamer Suche mit meiner Frau wiederfand, verweigerte mir selbst in ihrem Beisein auf recht grobe Art und Weise jedes Gespräch. An seiner Tür klingelnd, stellte ich höflich die Frage „Guten Tag! Erkennst du mich noch? Ich bin dein Stiefsohn Klaus und dies ist meine Frau."

Ein in der Tür stehender ergrauter alter Mann sah mich von unten bis oben mit zornigem Blick an! Mit ebenso zornigen Worten: „Wir sind ja wohl fertig, nicht wahr!", verweigerte er mir jede weitere Gelegenheit für ein Gespräch.

Der Schatten seiner Aura hatte keine Sonne, und für mich bleiben so viele Dinge für immer im Dunkel der Zeit verborgen.

Krieg der Sterne

Die Spannungen zwischen uns Geschwistern, Stief- und Halbgeschwistern hatten bis zu diesem Zeitpunkt bereits ein unerträgliches Maß erreicht. Wir leiblichen Geschwister wollten nicht so sein wie die Stiefgeschwister, und sie wollten nicht, dass wir ihresgleichen sind. Unsere Stiefgeschwister konnten sich in allen Konfliktsituationen des Schutzes ihres leiblichen Vaters so sehr sicher sein, wie wir, seine Stiefkinder, seine Ungnade immer zu fürchten hatten.

Ich hatte nie ein Problem damit, von meinem Stiefvater benachteiligt zu werden, oder zu sehen, dass er seine eigenen Kinder bevorzugte, denn das Privileg seiner Güte kannte ich sowieso nicht. Meine Erwartung an ihn hatte das Gleichgewicht seiner rigiden Strenge. Wenn meine Stiefgeschwister mir aber allzu oft zu verstehen gaben, dass sie bei ihrem Vater immer ihr Recht bekämen, ließ es meine Verachtung für sie stetig größer werden. Unser Leben, von gegenseitigem Hass geprägt, vollendete sich im permanenten Schikanieren. Von jeder Seite wurde das mit großer Hässlichkeit und zu jeder nur möglichen Gelegenheit betrieben.

Unvermeidlich zogen sich zwischen den einzelnen familiären Gruppierungen so tiefe Gräben, dass es für keine Seite möglich war, sie zu überwinden. Was auch keiner wollte! Es war für alle Beteiligten ein zermürbender Geschwisterkrieg, der niemals einen Gewinner hatte und der in der Regel durch die strafende Gewalt des Stiefvaters seine erneute Fortsetzung fand.

Der plötzliche Tod meiner Mutter veränderte jetzt mein Leben schlagartig. Mein Zuhause wurde mir fremder denn je. Die wenigen Bindungen, die ich hatte, verloren ganz ihren Sinn. Mein Stiefvater versuchte nicht im Geringsten, mit uns Kindern auch nur ein Wort über diese für uns alle hochkomplizierte Lebenssituation zu reden. Eine gespenstische Unruhe hielt das Niveau der Spannung in unserem Alltag auf dem höchsten Level. Ständig kamen irgendwelche Leute zu uns ins Haus, die wir zuvor noch nicht gesehen hatten, die irgendwelche wichtigen Dinge mit dem Stiefvater besprachen. Neugierig waren wir nicht. Da sich unser Stiefvater über diese Vorgänge in Schweigen hüllte, schien es uns auch nicht zu betreffen. Ihn nach etwas zu fragen, traute sich ohnehin keiner. In den Jahren zuvor traten all die Probleme unserer familiären Zerrissenheit nicht mit dieser Intensität in meine Gedankenwelt. Die Dinge waren einfach so gewesen und ich lebte in der Gewohnheit dessen. Nun forderten sie mit großer Wucht den Platz in meinen Betrachtungen ein und veränderten mein Leben in einer Art und Weise, auf die ich nicht vorbereitet gewesen war. Für mich war es unglaublich schwierig, in dieser Situation damit zurecht zu kommen... Wenige Tage später musste ich wieder in die Schule gehen. Dort bekundeten mir alle ihre Anteilnahme und die Lehrer waren sehr freundlich und lieb zu mir. In mir selbst wurde es vorerst still. Lernen konnte ich nichts und die Rücksichtnahme der Lehrer half mir durchaus, das Chaos meines Lebens von der Zeit ein wenig entwirren zu lassen.

Der kleine Koffer

Du suchst ihn,
wenn du ihn brauchst.
Wir können nehmen,
was wir ihm geben
und in ihm suchen,
was uns fehlt.
Ihn nicht vergessend
bleibt er Dir treu.

In wenigen Tagen hatte ich am 9. April 1970 meinen 14. Geburtstag, und am 15. April sollte meine Jugendweihe stattfinden. Ich konnte kaum darauf hoffen und es deutete auch nichts darauf hin, dass mein Stiefvater Anstrengungen unternehmen würde, mir wenigstens zu einem dieser Anlässe eine kleine Freude zu bereiten. In aller Unbedachtheit fand mein Geburtstag zu Hause dann auch nicht statt.
Durch die Ungewissheit, was nun mit unserer Familie überhaupt geschehen wird, erreichte die Stimmung unter uns Kindern mit fortschreitender Zeit eine gewisse Düsternis. Wir ahnten und fühlten alle, dass sich für uns vieles ändern würde. Nur, was da kommen konnte oder sollte, entzog sich unseren Vorstellungen. Allein das eisige Schweigen unseres Stiefvaters war nicht dazu geeignet, dass wir hoffnungsvoll in die Zukunft blicken konnten. So sollte es denn auch kommen!
Drei Tage nach meinem 14. Geburtstag, am 12. April 1970, kam am frühen Morgen mein Stiefvater zu mir. Er hatte ohne mein Wissen einen kleinen Koffer mit einigen wenigen Sachen von mir eingepackt. Teilnahmslos und fast beiläufig sagte er zu mir, dass er mich jetzt wegbringen müsse. Ich hatte die Bedeutung „mich wegbringen" überhaupt nicht begriffen. Letztlich hatte ich aber auch keine Wahl - ich musste mich fügen.
Wohin er mich bringen wollte und warum, schien er mir mit großer Bestimmtheit nicht sagen zu wollen. Ein mulmiges Gefühl ging durch meinen Magen, und ich ahnte nichts Gutes. Er behandelte mich wie ein fremdes Kind, das er irgendwohin bringen müsse. Alles weitere Fragen wäre ohnehin zwecklos gewesen, und so zog ich meine Jacke und die Schuhe an. Ohne ein weiteres Wort verließ er mit mir das Haus.
Ich trug den kleinen Koffer, den er mir reichte, trottete einigermaßen hilflos neben ihm daher, und schweigend erreichten wir die nächste Straßenbahnhaltestelle.

Die Straßenbahn

Ich sehe sie rennen, die vielen Leute,
durch den Krach der Gassen
hin zur Straßenbahn.
Ihr Tempo schenkt ihnen Zeit
für ihre Geschichten.

In der Straßenbahn, eine Weile still neben ihm sitzend, unterbrach nur das Quietschen der Räder in den engen Kurven sein Schweigen. Meine Blicke wechselten ständig vom Fenster zu den Leuten und hin zu ihm, immer in der Hoffnung, dass er nicht vielleicht doch noch irgendetwas mit mir bereden wollte. Meine Finger spielten mit den Knöpfen an der Jacke und mit den Füßen schaukelte ich im Rhythmus meiner nervösen Gedanken über das Ungewisse hin und her.
Mit apathischer Wucht und Entschlossenheit starrte er nur vor sich hin! Als wollte er vermeiden, dass meine ihn ständig fragenden Blicke zu ihm durchdrangen. Es schien, als müsse er etwas wegbringen, erledigen, was ihn nichts anginge.
Ein Kind sollte eigentlich niemals erfahren, was Verzweifeln bedeutet. So begleitete mich nach einiger Zeit auf dem letzten Teil der Strecke neben der Ungewissheit auch deren engster Verwandter: die Resignation. Gleichwohl hatte ich das Gefühl, als würde er mir mit jeder neuen Straße durch die wir fuhren, noch fremder werden, als er es schon ohnehin immer für mich war. Weiter, als wir auf dieser Fahrt, konnten sich zwei Menschen, nicht voneinander entfernen.

Das neue Zuhause

Endstation einer Welt

Mit dem Gefühl einer langen, langen Fahrt, die nicht zu Ende gehen wollte, stiegen wir an dem mir noch nicht bekannten Ziel aus. Ich blickte mich „neugierig“ um. Eine Neugierde, die ich auch heute noch nicht definieren kann. Eine Neugierde, der Abschied und Ungewissheit einer Lebensveränderung vorausgehen, und von der man nicht weiß, ob der Wasserfall Tränen sind, oder ob dort, wo das Wasser fließt, Leben ist.

Diese Gegend, am anderen Ende der Stadt, war von meinem Zuhause ziemlich weit entfernt, und ich kannte sie nicht. Nach etwa zehn Minuten Fußweg, die wir hartnäckig schweigend durch eine gartenanlagenähnliche Gegend liefen, kamen wir am eigentlichen Ziel an. Vor einem weitläufig umzäunten, parkähnlichen Gelände blieb mein Stiefvater plötzlich vor einem einfachen Tor stehen. Im Gelände standen mehrere Häuser und barackenähnliche Gebäude.

Hätte der Anlass, an diesem Ort zu sein, nicht allzu sehr meine Sinne durcheinandergebracht, wäre meine Betrachtung dieser Umgebung damals recht wohlwollend ausgefallen. In einer gediegenen Aufgeräumtheit der Landschaft fügten sich die Gebäude gut ein. Wäre es nicht der Anlass, hätte ich den Ort als solchen nicht fürchten müssen…

Jetzt, vor diesem unscheinbaren Tor stehend, teilte er mir unvermittelt mit, dies hier sei ein Kinderheim!

Mit knorriger Stimme sprach er mich an. Im Haus sei sicher ein Büro. Ich solle dort jetzt hineingehen und mich im Büro melden.

Meine Gedanken gerieten einigermaßen ins Stolpern!

Was sollte ich in einem Kinderheim?

Meinen Blicken ausweichend, wollte ich ihn fragen, ob er nicht

mit mir zusammen reingehen könnte. Aber ehe ich ihn etwas hätte fragen können, drehte er sich schweigend um – und ging einfach fort.
Am Tor ließ er mich einfach stehen!
Ungläubig sah ich ihn weggehen.
Er sagte nicht auf Wiedersehen und ging mit fast bedächtigen Schritten den Weg zurück, von woher wir kamen.
Er drehte sich nicht um.
Es wurde still in mir.
Und ich stand sehr lange am Tor.
Meine schon zuvor ins Stolpern geratenen Gedanken schlugen nun gänzlich auf den harten Boden der Realität auf. Die Klarheit dessen, was er beabsichtige, lag für mich in der Dunkelheit seines Schweigens vergraben. Da schob sich selbst die Sonne dunkle Wolken vor ihr Gesicht. Gleichsam, als könne auch sie sich das missratene Theaterstück nicht mit ansehen. Wäre es ein sonniger Tag gewesen, hätte vielleicht wenigstens sie geweint.
Ich konnte und wollte nicht weinen, als ich seinen Schatten in der Ferne kleiner werden sah. Es war wie ein frustrierender letzter Atemzug eines Schicksalsabschnitts meines Lebens, der sich für immer in meine Vergangenheit versenkte!
Es war ein ewig langer Moment, dem jede Zuversicht auf etwas Hoffnungsvolleres fehlte. In meinem abstrusen Gedankengewirr verharrend hielt mich dieser Moment ohne Zuversicht noch einige Zeit fest in seinem Bann.
Impulslos und frei von jeder Neugier wendete ich mich irgendwann mit meinen Blick zu diesem Heim und blieb noch immer fassungslos stehen – ich wollte dort nicht reingehen!

Vakuum

Dort sollte ich aber hineingehen!
Und was dann?
Langsam, fast unheimlich würgte mein Gefühl den Gedanken in mir hoch, dass ich von Zuhause, wie auch immer, ausgestoßen worden war.
Es war ein verdammt mieses Gefühl.
Ich glaubte nicht, so böse zu sein, dass er das mit mir tun konnte und durfte – und doch geschah es!
Alles befand sich im Unklaren.
Ich blickte wieder zurück zu dem Gelände, ohne es in seiner Erscheinung wirklich wahrzunehmen. Die Heimkinder schienen alle noch in der Schule zu sein, denn im gesamten Gelände war es recht ruhig. Die mich umgebende Ruhe des Ortes schien meine innere Leere mit Besinnung auf das nun Folgende ausfüllen zu wollen, aber meine Füße weigerten sich nach wie vor, meine Schritte in Richtung des Heimes zu lenken.
Fast so, als würde jeder Schritt, den ich jetzt gehen würde, die Entfernung zu dem, was nun in der Vergangenheit versank, nur noch vergrößern. Die Gewissheit darüber, dass sich mein Leben augenblicklich und radikal verändert hatte, konnte in meinen Sinnen noch nicht zur Wirklichkeit werden. Selbst meine sonstige Neugierde verweigerte jede Aktivität und ließ mich noch eine ganze Weile im Stehen verharren.
Ich wollte nicht in dieses verdammte Heim reingehen!
Ich wusste aber auch nicht, wohin ich sonst gehen sollte. Zu sehr war ich noch mit dem Gedanken beschäftigt, dass er mich hier einfach so stehen gelassen hatte. Das konnte ich, dort stehend, nicht einsortieren, fertig denken und schon gar nicht fertig fühlen. Vielleicht hätte ich, wenn auch traurig, über irgendetwas Konkretes nachsinnen können, wenn er zumindest ver-

sucht hätte, mir etwas zu erklären. So hinterließ er in mir ein Vakuum, das ich nach und nach nur mit bösen Erinnerungen an ihn ausfüllen konnte. Es war gespenstisch und irreal daran zu denken, dass ich von einem Moment zum anderen beim Durchschreiten des Tores zum Heim die alte Welt, die ich nun verlasse, augenblicklich durch eine neue ersetzen würde.
Das Erste musste ich und das Zweite wollte ich nicht!
Was zum Teufel sollte ich in diesem Kinderheim?
Schon hatte ich die ersten Gedanken daran, gleich an Ort und Stelle abzuhauen. Abzuhauen aus einem Heim, das ich noch nicht einmal mit einer Fußbreite betreten hatte.
Eine halbe Stunde mag ich von der Zeit unberührt und grübelnd vor dem Heimtor gestanden haben. Mit einem Kopf voller unsinniger Gedankenmonster...
Schließlich, ohne wirklich klar zu denken, gab ich mir einen innerlichen Ruck. Meinen kleinen Koffer ergreifend, lief ich, zwar zögerlich aber direkt, in das erste Gebäude hinein.

Das Tor zur anderen Welt

Im Flur des Hauses stehend, dessen Tür sich knarrend öffnete, kam mir die Treppe herunterlaufend, eine ältere, aber sehr kleine Frau entgegen. Auf der Treppenmitte erst stehen bleibend und mich mit einem strengen Blick durch ihre Brille musternd, kam sie auf mich zu. Sie fragte mich, wer ich sei und was ich hier wolle? Etwas stotternd und einigermaßen verunsichert nannte ich ihr meinen Namen. Mein Stiefvater hätte mich hierher gebracht und mir gesagt, dass ich mich hier melden soll.
Auf die Frage, wo er denn sei, konnte ich nur mit den Schultern zucken und ihr antworten, dass er gegangen sei.
Ungläubig musterte sie mich einige Augenblicke.

Sie schien mir nicht recht glauben zu wollen und blickte noch einmal prüfend zur Tür.
„So, so“, bemerkte sie, mehr nachdenkend.
Sie schien von dieser Situation auch sehr überrascht zu sein und blickte prüfend nochmals zur Eingangstür.
Doch dort war niemand.
Einen Augenblick lang schien sie zu überlegen, was zu tun sei und bat mich dann aber recht freundlich, mit ihr zu kommen.
Ich folgte ihr. Nach wenigen Schritten blieb sie vor einer Tür mit der Aufschrift „Heimleiter“ stehen.
Sie klopfte kurz an.
„Bitte, kommen Sie herein!“, rief eine etwas dumpf klingende Stimme. Nachdem wir eingetreten waren, schilderte sie dem Heimleiter meine Erklärung, der nun, meinen Namen hörend, auch sofort im Bilde zu sein schien.
„Guten Tag, Klaus Dieter!“, war sein kurzer und freundlicher Gruß. Einen kleinen Augenblick schien er wohl zu überlegen, ob er lächeln oder mich streng dienstlich ansehen sollte. Jedenfalls entschied er sich für eine freundliche Nuance. Trotz allem aber sehr bestimmt bat er mich, auf dem Stuhl in der Zimmerecke Platz zu nehmen.
Mit diesem Stuhl sollte ich zu späterer Zeit noch einige Begegnungen haben, bei denen die Wahl des Tonfalles durch die Sachverhalte von vornherein klar war. In der Regel mit sehr strengem Blick! Nach einigen kurzen Hinweisen für die Frau, die er mir als meine Gruppenerzieherin vorstellte, wer und warum ich hier sei, ordnete er an, in welche Gruppe ich kommen sollte und in welchem Zimmer ich unterzubringen wäre. Sich dann an mich wendend, erklärte er mir, dass ich alles Wichtige von meiner Erzieherin mitgeteilt bekommen würde und, dass sie sich ab sofort um mich kümmern wird. Ansonsten sei ich herzlich willkommen, und – es wird schon werden.

Was sie von mir wollten

Gemeinsam verließ ich mit der Frau das Heimleiterzimmer. Auf dem Weg zu meinem neuen Zimmer erzählte sie mir kurz etwas über dieses Heim. Es sei ein Heim für Waisenkinder und hieße „Hilde Coppi". Ich würde fortan hier leben, und sie versicherte mir, dass es mir hier recht gut gehen würde.
Ich glaube, sie hatte es auch wirklich gut mit mir gemeint. Aber sie und alles an diesem Ort waren mir absolut fremd. Von Leuten, die es gut mit mir meinten, hatte ich andere Bilder in meinem Kopf. Bilder, die sie so vielleicht nicht kannte.
Etwas gut meinen, ist ja immer das, was man selber für das Gute hält. Dies hat oftmals nichts mit dem zu tun, was eigentlich notwendig ist.
Was sie mir über das Heim erzählte, interessierte mich nicht sonderlich. Ich musste erst einmal damit zurechtkommen, wie sich meine Lebenssituation geändert hatte. Dabei entging ihr völlig, dass ich aus vorangegangenem Anlass kaum sinnvoll ansprechbar war. Wie der Direktor schien auch sie sehr mechanisch ihr pädagogisches Tagewerk an mir verrichten zu wollen. Ihr psychologisches Feingefühl war an dieser Stelle doch sehr grobmaschig gestrickt. Ich hörte ihr einfach bald nicht mehr zu. Meine Sinne waren dazu einfach nicht mehr in der Lage. Wahrscheinlich wäre der Versuch, erst einmal zuzuhören, wer ich bin und wie ich gelebt hatte, glücklicher ausgegangen. Vielleicht hätte ich mir dann einige Last von der Seele geredet. Es war aber verdammt unsinnig, mich im Heim ankommen zu lassen, um gleich zur Tagesordnung übergehen zu wollen. Da konnte ihr gut gemeintes Bemühen mein Gefühl, hier nur irgendwie funktionieren zu müssen, nicht verdrängen. Der Grundstein meiner inneren Ablehnung war damit gelegt.
Manchmal ist es nicht das Problem, etwas Falsches zu tun.

Dinge sind oftmals nur falsch, weil das Richtige nicht geschieht. Ich konnte und wollte beim besten Willen mein Leben nicht einfach wie ein Paar Socken von einer Minute zur anderen wechseln und fröhlich in ein neues Dasein hineinmarschieren.
So einfach war es denn auch für mich nicht.
In meinem Kopf war einfach nur Chaos, das ich nicht gut allein sortieren konnte. Mein ganzer Verdruss über die Gründe und überhaupt die Tatsache, jetzt in diesem Heim sein zu müssen, versperrte der Erzieherin fast jede Möglichkeit, mich in einem Gespräch ernsthaft zu erreichen.
Ich folge ihr den Gang entlang, zu meiner neuen Unterkunft und ärgerte mich über mich selbst, hier überhaupt reingegangen zu sein. In meiner Naivität dachte ich, wäre ich gleich woanders hingegangen, hätten sie mich nicht mal suchen können. Denn vor dem Tor stehend hatte keiner nach mir gefragt. Unklare Situationen sind bekanntlich die Mütter der närrischen Gedanken. Ihren ungebrochenen Redefluss und ihr weiterhin nicht enden wollendes Bemühen, mir einiges über das Heim und dessen Lebensregeln nahezubringen, unterbrach ich abrupt mit der Frage, wie lange ich hier bleiben solle, und wann ich wieder nach Hause gehen könne.
Ohne eine Antwort gingen wir noch ein paar Schritte den Gang entlang. Jetzt blieb sie vor einer zum Grau neigenden, weißen Zimmertüre stehen. Fast einen Kopf kleiner als ich, blickte sie mich von unten nach oben an, schüttelte ihren mit grauen Dauerwellen lockig frisierten Kopf und versuchte mir nochmals klar zu machen, dass ich nun für immer in diesem Heim bleiben würde. Im selben Moment fragte sie mich fast ungläubig, ob ich dies nicht gewusst hätte.
Fast wütend antwortete ich: „Nein!"
Ich glaube, sie war einigermaßen über den Zorn erschrocken, mit welchem ich ihrer Frage in meiner Antwort entgegentrat.

Die Es-gut-Meinenden

Während wir gemeinsam das Zimmer betraten, erkundigte sie sich, ob auf dem Weg zum Heim alles in Ordnung gewesen wäre und wo ich in Brandenburg gewohnt hätte. Mit angebundener Kürze antwortete ich: „Ja, ja", nannte meine alte Adresse und dies sei ja jetzt wohl völlig egal. Mein Stimmungspendel neigte sich in Richtung der Frage, was sie das eigentlich anginge.

Allmählich bemerkte sie wohl mein missmutiges Befinden. Vielleicht um mich abzulenken, wechselte sie abrupt das Thema und erklärte mir, wie das Leben in den Zimmern geregelt sei: Die Zimmer müssen täglich aufgeräumt sein und die Betten ordentlich gebaut werden. In den Schränken dürfen die Sachen nicht bloß einfach hineingeschmissen werden, und während der Schulzeit blieben die Fenster geschlossen. Das alles würde jeden Tag von den Erziehern kontrolliert werden.

Ja, ja, jaaa – dachte ich mir.

Zwischendurch sagte ich es auch ein paar Mal brav laut und meine Gedanken waren endlos weit weg. Zum einem war es für mich selbst über die Maßen peinlich, jetzt ein Heimkind zu sein. Zum anderen war meine gesamte Gefühlswelt völlig desorientiert.

Sie war nach wie vor recht nett zu mir, doch ich hätte sie am liebsten wegen irgendetwas angeschrien. Ich wollte einfach nur explodieren! Aber ich war in einem solch apathischen Gefühlschaos, dass ich noch nicht einmal einen richtigen Wutausbruch zustande brachte.

Dass das Leben in meiner alten Welt für immer vorbei war und hier etwas für mich begann, von dem ich nicht im Geringsten irgendeine Vorstellung hatte, bedurfte schon einiger Zeit, um es in meinem Kopf und in meiner Gefühlswelt ankommen zu lassen. Es ist so ähnlich, als wolle man sich unter einer laufenden

Dusche abtrocknen, aber das nasse Wasser bleibt kalt und man wird nicht trocken. Hier nun im Heim zu sein, lag ja nicht in meinem Ermessen, es zu wollen. Und sie, die es vielleicht wirklich gut mit mir meinte, konnte nicht verstehen, dass ich von ihr nichts gut Gemeintes wollte und sie mir auch beim besten guten Willen gerade nichts Gutes tun konnte.
Ich weiß auch heute noch nicht, was man wirklich tun muss, um unter solchen Umständen ein Kind in ein völlig verändertes Leben abzuholen. Darauf war ich nicht vorbereitet, und die Erzieherin und der Heimleiter schienen diesen Vorgang wie eine Warenlieferung erledigen zu wollen. Meine komplette innere Verweigerung, als Heimkind leben zu müssen, konnten sie nie aufbrechen. Das war der erste Vorbote zukünftiger Konflikte...
Ich befand mich jedenfalls in einem Gemütszustand, in dem ich am liebsten in alle vier Himmelsrichtungen zugleich wegrennen wollte, ohne Aussicht darauf, irgendwo anzukommen.
Beide, die Erzieherin und ich, redeten vom ersten Moment an alles andere als harmonisch aneinander vorbei. Die Mühe, den anderen verstehen zu wollen, machte sich keiner wirklich. Am allerwenigsten wahrscheinlich ich. Für mich gab es keinen vernünftigen Grund, sie verstehen zu müssen oder zu wollen. Ihrem Ziel, einen gemeinsamen Nenner zu finden, stellte ich unüberwindliche Hindernisse entgegen. Vor mir stehend, war ich so weit von ihnen entfernt, das sie mich nicht erreichen konnten. Von ihrer Informationsflut mit Hinweisen, Erklärungen, Ratschlägen und Verhaltensbelehrungen völlig überrumpelt, trat für einige Momente Ruhe ein.
Mein Kopf dachte nur: Brrrr – die kann mich mal!
Zu guter Letzt folgte von ihr aber doch noch die Erklärung, wie und in welches Schrankfach ich meine persönlichen Sachen ablegen konnte. Wenn ich dies erledigt hätte, sollte ich mich in den Tagesraum begeben.

Befindlichkeiten im Kinderheim

Sie verließ das Zimmer.

Ich stand da, und das nun war sie, diese neue Welt, inklusive Elternersatz, der sich Erzieherin nannte!

Seltsam und komisch das Ganze.

So wenig, wie ich in dieser neuen Welt ankam, musste ich trotz alledem mein neues Leben in ihr einrichten – eine Wahl blieb mir nicht.

Da standen wir nun, mein kleiner Koffer und ich. Er vor dem noch leeren Schrankfach und ich vor dem neuen Bett. Über die mir zugewiesenen Schrankfächer musste ich schon etwas schmunzeln. Mein Koffer war so klein, wie die Reise von einem Stadtende zum anderen kurz war, und er beinhaltete gerade mal so viel, um eine kleine Ecke in einem Fach auszufüllen. So armselig, wie mich mein Stiefvater aus der Familie verbannte, war auch der Koffer eingepackt: Hose, Hemd, Jacke und Socken schienen nach seiner Maßgabe wohl ausreichend. Vielleicht war es auch sein gedanklich leichter Weg zu glauben, dass sich die anderen schon um mich kümmern würden. Dass er mir nicht einmal ein Foto oder ein anderes Andenken eingepackt hatte, stimmte mich schon sehr missmutig. Ich hatte einige Mühe, meine mich wieder so fest anpackende traurige Stimmung im Zaum zu halten.

Das wollte ich hier keinem zeigen!

Der korrekte Ausdruck für meinen neuen Daseinsstatus war ab sofort: ein Halbwaisenkind.

Die Erzieherin gebrauchte diesen Hinweis im Gespräch mehrmals. Wahrscheinlich wollte sie alle Schalter in meinen Kopf auf den Kinderheimmodus umlegen. Funktionsstörungen schienen ihr keinerlei Bedenken zu bereiten, auch wenn wir auf recht unterschiedlicher Wellenlänger kommunizierten.

Mein Zimmer musste ich mit drei anderen Jungen teilen. Das kannte ich von zu Hause und stellte für mich kein großes Problem dar.

Das Zimmer selbst wirkte in dieser Situation auf mich fade und belanglos. Es war einfach ein Zimmer: vier Betten, zwei große Schränke, ein Tisch, einige Stühle und einige Bilder an der Wand. Alles schick aufgeräumt, was ich von meinem Zimmer zu Hause nicht unbedingt so kannte.

Eine Weile schaute ich noch aus dem Fenster,
dann saß ich mal auf dem Bett,
dann lief ich ein wenig auf und ab,
und ich begann wieder aus dem Fenster zu starren...

Eine große Gedankenleere breitete sich in meinem Kopf aus.

Alles, was zuvor mein Leben ausgefüllt hatte, war einfach weg!

Mist, blöd, doof...!

Ich brauchte einige Blitzableiter für mein neurologisches Zentrum. Die Leute aus dem Heim konnte ich ja für meine Situation nun nicht in Haftung nehmen.

Ich fragte mich andauernd nur, warum ausgerechnet ich so für den Tod meiner Mutter büßen musste?

Informationen, was mit meinen Brüdern geschehen war, hatte ich keine. Jeder Kontakt mit meinen Kumpels ging verloren und alle heimlichen Orte, an denen man sich so gern herumgetrieben hatte, konnte ich nicht mehr aufsuchen – es war einfach alles weg, aus und vorbei. Und das konnte mir keiner erklären!

Nach einiger Zeit raffte ich mich endlich auf. Ich ging den Flur entlang zu dem Tagesraum, in dem ich mich einfinden sollte. Dort saß die Erzieherin und schrieb irgendetwas. Sie schaute mich an, fragte, ob es mir einigermaßen gutginge und sagte, ich könne mich an einen der Tische setzen und mich etwas mit Malen oder Lesen beschäftigen. Es war schon Mittagszeit und bald würden auch die anderen Kinder aus der Schule kommen.

Mir war nach allem Möglichen zumute, aber weiß Gott nicht nach Malen, Basteln und am Tisch sitzen!
Meine Frage, ob ich ein wenig rausgehen könne, verneinte sie mit einer solchen Bestimmtheit, dass ich erst einmal schwieg und augenblicklich eine Vorstellung davon hatte, was ich in diesem Heim nicht will. Da ich, außer Zuhause zu schlafen und in die Schule zu gehen, im Wesentlichen meine Freizeit auf den Brandenburger Müllhalden, in Wäldern und an Badeseen verbrachte, hatte sie keine Vorstellung davon, was sie mir in diesem Augenblick antat. Mein in allen Gefühlsbereichen immer schnell und heftig schwankender Charakter ließ die Amplitude meiner Wut augenblicklich heftig ausschlagen. Vorerst musste ich das aber in aller Stille mit meinem Gemüt ausfechten. Innerlich brodelnd, saß ich da am Tisch und konnte mich mit nichts irgendwie beschäftigen.
Es war ein furchtbarer Augenblick!
Basteln oder malen – ich dachte, die hat sie wohl nicht mehr alle! Die ist doch doooooof!
Ich war aber noch zu neu und hatte mit der Ungewissheit dessen zu kämpfen, was passiert, wenn ich hier gleich am ersten Tag beginnen würde, herumzumosern. Also hielt ich erst einmal meine Klappe und durchstreifte mit meinen gelangweilten Blicken die Zimmerluft.
Die Erzieherin saß derweil an ihrem Schreibtisch und erledigte ihre Sachen, ohne zu ahnen, mit welcher Widerwilligkeit ich meine Gedanken ausfüllte, und in gewisser Weise war mein Verhältnis mit ihr für alle Zeiten geklärt.
Noch so ein Weilchen vor mich hinbrütend, dauerte es nicht lange und es wurde im Flur recht laut.

Das Universum der Heimatlosen

Kennst du sie, die da kommen
und rennen laut an dir vorbei?
Noch sind sie Geister,
unbestimmte Wesen,
in deinem Wissen.
Deine Ahnung ist ihnen egal.
Sie wollen sich nichts fragen lassen,
weil sie sind, was du nicht weißt.
Doch sie zu kennen, ist von Nöten,
ihr Leben wird auch mein Gesetz.

Es wurde laut. – Aha, dachte ich, jetzt kommen sie alle...
Mit einigem Getöse flog plötzlich die Tagesraumtür auf und ein wirres Gerede prasselte geradezu auf mich ein. Schulranzen fielen auf den Boden, Jacken flogen in die Ecken und Stuhlbeine quietschten grell über den Fußboden. Jeder wollte mit der Erzieherin etwas ganz Wichtiges bereden oder etwas von ihr haben, oder mit ihr etwas klären oder ihr etwas zeigen oder, oder, oder... Alle wollten etwas von ihr, und sie wollten es alle zur gleichen Zeit. Zeitgleich schien sie allen geduldig zuzuhören und das wilde Gestikulieren der vielen Hände gleichsam zu verstehen. Dies ging einige Minuten so.
Ihre Aufforderung, dass sich alle erst einmal hinsetzen sollten, brachte etwas Ruhe in das bunte Treiben. Aber man merkte schon, dass das Stillsitzen und mal für einige Augenblicke den Mund halten, nicht so die Sache dieser Kinder war. Unruhig rutschten sie auf den Stühlen hin und her, gespannt darauf wartend, was es an Neuigkeiten gäbe. Die schien es in ihrem Tageseinerlei des Kinderheimes nicht allzu oft zu geben.
Von der hereinhetzenden Meute Kinder wurde ich nicht weiter

beachtet. Manche schauten mich kurz an. Aber sie hatten wahrscheinlich so viel am Tag erlebt, dass irgend so ein Neuling ihr Interesse nicht sonderlich anregen konnte.
Jetzt, da sie saßen und nach wie vor ihre liebe Mühe und Not hatten, mal für einen Moment den Mund zu halten, stand die Erzieherin auf. Sie trat in die Raummitte und begann mich vorzustellen. Ich sei der Klaus Dieter und käme hier aus Brandenburg. Vor kurzer Zeit sei die Mutter verstorben, deshalb müsse ich nun wie sie alle hier im Heim leben. Sie hoffe, dass ich mich hier gut einleben werde und mir alle dabei behilflich seien, hier, wie auch sie alle, ein einigermaßen neues Zuhause zu finden.
In den Gesichtern der meisten Kinder konnte ich deutlich lesen, dass dies alles keinen sonderlichen Eindruck auf sie machte. Mehr oder weniger hatte jeder von ihnen ein ähnliches Schicksal. Für die meisten von ihnen war ein richtiges Zuhause, geschweige denn Eltern zu haben, ein Fremdwort.
Später, als ich von vielen ihre Geschichten kannte, verlagerten sich die eigenen Befindlichkeiten. Sie kannten weder das Gefühl, um verstorbene Eltern zu trauern. Noch wussten sie, ob sie Geschwister hatten. Gar nicht davon zu reden, dass sie jemals von jemandem Besuch bekommen hätten.
Wer sollte ihnen auch ein Päckchen schicken?
Wenn sie abends schlafen gingen, kam keine Mutti zum Kuscheln. Und am Morgen schalte der lieblose Weckruf laut und unnachgiebig durch den Gang, dass die Nachtruhe zu Ende sei.
Als Heimkind lebt man in seinem eigenen kleinen Universum, in dem jedes seine eigene Umlaufbahn hat.
Plötzlich, ohne jegliche Bindungen, entwurzelt an einem mir fremden Ort zu sein, mit fremden Kindern, die in ihrer eigenen Welt lebten, war ich letztlich für sie ein x-beliebiger Neuer. Solche Typen kommen hier immer mal. Das regte also niemanden sonderlich auf. Hier hatte Gleichgültigkeit eine sehr eigene Be-

deutung. Die Dinge, die kamen, mussten sie hinnehmen, fern ab von Gut und Böse. Was ihnen nicht passte, grenzten sie schmerzfrei aus, und was zu ihnen passte, das fand die notwendige Bindung der Gemeinsamkeit. Sie lebten hier nach ihren Regeln, die durch einen Neuen bestenfalls dadurch gestört wurden, wenn er sie nicht beachtete.

Mit ihrem Leben hier im Heim schienen sie sich ganz gut eingerichtet zu haben. Damals fand ich das natürlich alles ziemlich doof.

Nun gut, jeder stotterte mir, wie von der Erzieherin erbeten, ein freundliches Wort zu – so in der Art, dass sie mich herzlich begrüßten. Schick fand ich es schon, dass mich die Mädels beim Begrüßen etwas länger anschauten.

Aber dann beschäftigte sich wieder jeder mit seinem eigenen Kram, und ich schaute mir das Ganze auf meinem Stuhl sitzend an. Was sollte ich auch anderes machen?

Die Erzieherin fragte diesen und jenen nach seinem Hausaufgabenheft. Andere fragten die Erzieherin, ob sie am Nachmittag wohin gehen könnten. Einigen erlaubte sie es nicht, weil sie dieses und jenes nicht erledigt hatten. Entweder waren die Betten nicht ordentlich gebaut, oder der Schrank war nicht ordentlich aufgeräumt, oder man hatte am Morgen zu viel Krach im Haus gemacht, und dieser und jener hatte irgendeine Anweisung des Erziehers nicht befolgt. Sie schien jeden Einzelnen genauestens in allem, was er oder sie tat, unter Kontrolle zu haben.

Natürlich gab es da recht lange Gesichter und einiges Herumgeknatsche, was bei ihrer einmal getroffenen Entscheidung aber ziemlich erfolglos blieb. Ihre Hartnäckigkeit löste bei mir schon einiges Unbehagen aus. Ich hatte nicht ansatzweise die Vorstellung, mich auf Dauer mit diesem Leben anfreunden zu können.

Ich hatte also gleich meine erste Lektion gelernt, was mit dieser Erzieherin zu machen war und wo ich mich bei ihr vorsehen musste. Hier irgendwie zu leben, war mir ziemlich egal, solange wie ich mich in die „Freiheit“ nach draußen verflüchtigen konnte. Für ein Leben in einer Heimgruppe fehlte mir jeder Sinn und Bezug. Ihre Sachlichkeit empfand ich als recht herzlos, was sie aber nicht wirklich war. Ich musste sie erst verstehen lernen. Bei zwanzig Kindern in so einer Gruppe brauchte man sehr gut gestrickte Nerven.

Es war ein Universum zwischen ständigem Herumzanken und Grüppchenbildung, deren Haltbarkeit zwischen Minuten und Tagen schwankte. Die unsichtbaren Fäden der Verbindungen zwischen Kindern brauchten ihre Zeit, um sie zu erkennen und um für sich die zu finden, zu der man hingehörte. Da ich aus einer Großfamilie kam, war das mein geringstes Problem.

Es verging noch einige Zeit in diesem turbulenten Gruppenalltag, bis von der Erzieherin die Aufforderung kam, dass es für die Gruppe Zeit sei, zum Mittagessen zu gehen. Alle stellten sich augenblicklich in Zweierreihen an der Tür auf, und ich stellte mich hinten ran. Lockeren Schrittes ging es durch das Heimgelände zum Speisesaal.

Aus dem Leben der Pappenheimer

Ich staunte nicht schlecht, als ich dort noch mindestens zweimal so viele Kinder und Jugendliche sah wie in dieser ersten Gruppe. Es war wahnsinnig laut und alles schien kreuz und quer durcheinander zu rennen. Jede Gruppe hatte ihre festgelegten Tische in einem ganz bestimmten Bereich des Raumes.

Beim Betreten des Speisesaales stürmten alle zugleich an den Essensschalter. Sie waren wie hungrige Wölfe und schubsten sich gegenseitig hin und her, weil jeder meinte, er sei der Erste gewesen. Dieses ganze Treiben schaute ich mir lieber erst mal

aus einiger Distanz an. Am Essenschalter hantierten zwei wohlbeleibte Frauen im mittleren Lebensalter. Im grauweißen Kittel, mit einem komischen Wickel um den Kopf, hantierten sie fix und gekonnt mit ihren Kellen herum. Ich merkte sofort, dass sie zwei Muttis waren, die genau wussten, wie man mit dieser wilden Horde Jungen und Mädels umgehen musste. Für jeden schienen sie das passende Wort zu haben. Die Sprüche waren kurz und knackig, auf jeden scheinbar individuell angepasst, und schon war der Nächste dran, sein Essen abzufassen.
Sie kannten sozusagen ihre Pappenheimer.
Aber ich spürte, dass sie für jeden so ein kleines Stück Herz und Wohlwollen hatten. Der Eine sollte es sich schmecken lassen, der Andere sollte nicht so schnell essen, und der Andere wieder sollte gefälligst aufessen und seine große Klappe lieber mit Essen vollstopfen, als so ein dummes Zeug daherzureden. Sie hatten alles im Griff, und keiner schien sich auch so wirklich mit den Küchenfrauen zanken zu wollen.
Es war eine wichtige Regel im Kinderheim, die ich auch sehr schnell lernte, mit der Küche immer ein gediegenes Verhältnis zu pflegen! Beim Abfall wegschaffen gefällig zu sein, bedeutete, gelegentlich auch mal eine extra Portion Pudding oder ähnliches zu bekommen.
Der Speisesaal war mit seinen sehr hohen Fenstern recht ordentlich und geräumig. Überhaupt war es der erste Moment, der mich mit dem Rumgesause und Getöse des Tageslebens im Heim von meiner gruseligen Stimmung etwas entfernte.
Nachdem alle mit dem Essen fertig waren, das auch alle in einem bemerkenswerten Tempo heruntergeschlungen hatten, als wären sie schon mehrere Tage ausgehungert, gingen die jeweiligen Gruppen wieder in ihre Tagesbereiche.
Üblich war es, dass die Großen zuerst essen gingen und dann die Kleinen. So war es dann auch beim Verlassen des Speisesaa-

les. Nach dem Essen durften sich alle Heimkinder für knapp 20 Minuten frei im Gelände des Heimes bewegen und mussten sich zu festgelegter Zeit wieder in ihren Gruppenräumen einfinden. Ab 14.00 Uhr war Hausaufgabenzeit, an die sich jeder strikt zu halten hatte. Diese Festlegung fand ich natürlich über alle Maßen blöd. Wenn ich nach Hause kam, flog der Ranzen in die Ecke und ich verschwand mit meinen Kumpels auf den Schuttplatz, oder wir waren irgendwohin unterwegs, um ein Ding zu drehen, wie wir es nannten. Regelmäßig Hausaufgaben zu machen, die schlimmerweise auch noch kontrolliert wurden, fand ich total bekloppt. Ich konnte mir beim besten Willen nicht vorstellen, am Nachmittag geschlagene zwei Stunden im Gruppenraum zu sitzen und zu lernen. Was mir an dem Heim bis jetzt noch recht egal war, wurde in diesem Punkt zum ersten ernsthaften Konflikt. Die zwanzig Minuten waren recht schnell vorbei und alle fanden sich brav und pünktlich im Gruppenraum ein. Jeder schnappte sich seinen Ranzen. Sie flogen auf die Tische. Hefte und Schulbücher wurden ausgepackt, wie es gebraucht wurde. Es wurde was gesucht, dann geborgt und, und, und... Dann wurde es relativ ruhig im Raum, und jeder begann seine Hausaufgaben zu erledigen. Es war die Gruppe der 13- bis 15-Jährigen, die grundsätzlich rund um die Uhr von einem anwesenden Erzieher beaufsichtigt wurden. Da war es nicht weit her, sich mit anderen Dingen zu beschäftigen, solange man nicht nachweislich alle seine Aufgaben erledigt hatte. Erst dann durfte man „basteln und malen". Ich fand es ziemlich doof, auf Anordnung zu basteln oder zu malen. Schlimmeres konnte mir nun wirklich nicht passieren! Es mochte eine Stunde vergangen sein – ich saß da und guckte im Raum herum. Hausaufgaben konnte ich noch keine erledigen, denn mein Schulranzen und alles andere waren ja noch zu Hause.

Die Jugendweihe in der Fremde

Wenn du sie verlässt, die alte Zeit,
zerreißt das Band vergangener Tage
und dem Neuen gleich,
wird sie fremd.
Noch ruhend, die Neugierde,
mag das Neue warten.
Vergangenheit borgt sich die Zeit
zum Vergessen
von der Zukunft.

Der Heimleiter kam in den Tagesraum herein und bat mich, mit ihm zu kommen; er hätte dort mit mir Einiges zu besprechen. Ich folgte ihm in sein Büro. Eine Familie aus meiner Klasse hätte ihn angerufen. Sie hätten erfahren, woher auch immer, das ich jetzt in dem Heim sei und beschlossen, in Kenntnis meiner Situation mich zu meiner Jugendweihefeier, die am 15. April, drei Tage nach meiner Heimeinweisung stattfinden sollte, in ihre Familie einzuladen.

Der Heimleiter selbst war auch sehr überrascht von dieser netten Geste. Andererseits war er ziemlich fassungslos, über meine bevorstehende Jugendweihe keinerlei Kenntnis zu haben. Ich winkte bloß ab und sagte zu ihm, vielleicht hätte mein Stiefvater mehr an die Erziehung als ans Feiern gedacht.

Ich hatte es für mich eigentlich schon innerlich abgehakt und wollte daran auch nicht mehr denken. Mit den paar Lumpen, die mein Stiefvater mir in den Koffer gestopft hatte, hätte ich wohl auch nicht teilnehmen können.

Wo sollte ich jetzt, da sich keiner mehr um mich zu kümmern schien, einen Anzug herbekommen, und überhaupt war das alles nur noch total peinlich für mich. Wo ich auch hinkam, war dieses Bedauern, ach, der arme Junge und so. Das machte meine Lebenssituation etwas schwierig. Ich wusste mit mir selbst nicht so recht umzugehen. Dass sie sich um mich kümmern mussten, war mir schon klar, und doch wäre es besser gewesen, man hätte mich auch mit dieser Jugendweihegeschichte völlig in Ruhe gelassen. Ich hatte alle Mühe, in diesem Heim anzukommen, fühlte mich so abgegeben und jeder X-beliebige konnte mir sagen, was ich tun und lassen sollte. Da konnte jeder, der sich um mich bemühte, eigentlich alles nur falsch machen.

Ich hatte das alles so satt!

Eher dachte ich mit einigem Unbehagen an den nächsten Tag, denn ich musste ja auch wieder in die Schule. Mir war noch nicht ganz klar, wie ich in meiner Klasse erklären sollte, dass ich plötzlich ein Heimkind war! Allein der Gedanke löste bei mir mehr als bloß Unwohlsein aus.

Doch jetzt sollte ich dem Heimleiter erst einmal erklären, ob ich zu dieser Familie gehen würde. Er jedenfalls würde dies sehr befürworten und auch genehmigen, denn dem Heim sei es leider in der Kürze der Zeit nicht möglich, für mich angemessen eine Feier zu organisieren.

Ich antwortete ihm, dass ich keine vernünftigen Klamotten, Schuhe, Hemd usw. hätte. Vielleicht wäre es besser, das Ganze sein zu lassen.

Hm, meinte er, da ließe sich sicher etwas finden, er wolle mal schauen. Das solle jetzt nicht das Problem sein.

Ich hatte durchaus das Gefühl, dass er mich nicht im Regen stehen lassen wollte.

Ich zierte mich noch etwas, entschloss mich dann aber, hinzugehen. Irgendwie war es mir auch völlig egal, was an diesem Wochenende passieren würde. In meiner alten Familie gab es keine Feierlichkeiten irgendwelcher Art, und ich war nicht wirklich neugierig darauf. Jedoch die Aussicht, für einige Zeit

aus dem Heim rauszukommen, hatte eine magische Anziehungskraft.
Der Heimleiter versprach mir, er wollte sich darum kümmern, dass ich einen ordentlichen Anzug bekäme, denn für jedes Heimkind stünde ein jährliches Bekleidungsgeld zur Verfügung. Er würde sehen, was sich da machen ließe.
So ließ ich den Dingen ihren Lauf.
Es war insgesamt eine Zeit, in der ich weder Widerstand noch Begeisterung für irgendetwas aufbringen konnte. Antriebslosigkeit gehörte nicht unbedingt zu meinen hervorstechenden Charaktereigenschaften. Ich war seelisch einfach nur knülle. Insofern war sein Bemühen, mich zu dieser Familieneinladung zu motivieren, durchaus ehrenvoll.
Nun, wir redeten noch einige Sätze zum Heim. Er wollte sich wohl einen ersten Eindruck von mir verschaffen, wie ich mit der Situation zurechtkäme. So richtig kannte er mich ja auch noch nicht.
Alles in allem war es ihm durchaus gelungen, auf mich einen nachhaltig freundlichen Eindruck zu machen, und ich war ihm dankbar dafür, dass er nicht noch großartig versuchte, pädagogisch auf mich einzuwirken.
Dann ging ich wieder in diese Gruppe zurück.
Ich saß dort einfach noch eine ganze Weile herum, dachte an dieses und jenes und ließ die Zeit ihrer Wege gehen, da sie mir nichts Aufregendes zu bieten hatte.
Nach der Hausaufgabenzeit konnten sich alle in ihre Zimmer verkriechen. Es war die sogenannte Freizeit.
Wir waren drei Jungen auf dem Zimmer. Lust, mich mit ihnen zu unterhalten, hatte ich keine und legte mich einfach aufs Bett, um meinen eigenen Gedanken nachzuhängen. Zum Grübeln hatte ich ja genug, und die Jungs ließen mich auch einfach in Ruhe.

Die alte Schule

Der nächste Morgen kam sehr schnell. Gewiss war, Eimer mit Eisstangen brauchte ich keine mehr schleppen! Und statt dem Eiskutscher zuzusehen, fuhr ich nun mit der Straßenbahn zur Schule und hatte noch ein kleines Stück Weg zu laufen. Es war aber nicht mehr der alte Weg, den ich mit den alten Kumpels ging.

Auf dem Schulhof angekommen, war ich natürlich sofort das Gesprächsthema. Am Vortag hatte ich in der Schule gefehlt und jeder wollte wissen, was los war. Mein jüngerer Bruder ging in dieselbe Schule und hatte natürlich schon alles herumerzählt. Da war nun jeder neugierig, warum ich im Heim gelandet bin. Soviel Mist hätte ich doch gar nicht gebaut. Und bei unseren schlimmen Sachen, die wir gedreht hatten, hätte uns doch schließlich auch keiner erwischt. In der Tat, das war wahr!

Für die Jungs war das erst einmal ein Thema, das sie ausgiebig bequatschen mussten.

Bei den Mädels war das so völlig anders. Die wollten mir andauernd ihr Mitleid zeigen, was mir total peinlich war, sodass ich nicht so richtig wusste, was ich damit anfangen sollte. Wahrscheinlich haben sie es ehrlich gemeint. Aber ich hörte sofort auf, mich mit Mädels abzugeben. Sie merkten es einfach nicht, dass es vor den Kumpels richtig blöd war, so bemitleidet zu werden.

Statt nun wie immer unser übliches, morgendliches Tengern zu spielen, musste ich den Jungs, die vor Neugierde fast platzten, einen umfassenden „Lagebericht" geben. Von jedem kamen auch die notwendigen Ratschläge, wem ich im Heim ein paar reinhauen sollte, wenn er nicht spurt und weiter so herrlicher Quatsch. Wichtig war vor allem, sich nichts von den Erziehern sagen zu lassen! Die kommandieren einen doch bloß so wie die

Lehrer herum, und da müsse man auch richtig gegenhalten.
In kürzester Zeit hatte ich so ein umfassendes Beratungsgespräch darüber, wie ich gegen jede pädagogische Invasion resistent sein könne und ich die Zeit im Heim bis zum 18. Lebensjahr unbeschadet überstehen würde. Fast hätte man glauben können, die Jungs hätten das alles schon einmal selbst durchlebt.
Das übliche Klingelzeichen beendete dieses „intensive Beratungsgespräch", und der Unterricht begann.
Es war meine alte Klasse, aber die Welt war anders geworden. Oder war ich anders geworden?
Meine Lehrer, ausgestattet mit einer wenig genialen Einfühlsamkeit, befragten mich anfangs noch geraume Zeit, wie es mir im Heim denn so erginge. Ich kenne natürlich auch heute kein Rezept, wie man in solchen Situationen mit Kindern umgeht, aber meine Lehrer jedenfalls schienen definitiv auch keines zu haben. Sie hatten auch noch diese furchtbare Idee, sicher in allerbester Absicht, mir gelegentlich vor der ganzen Klasse zu sagen, dass ich ja pünktlich ins Heim zurückkehren solle. Ich müsse mich dort ordentlich benehmen und in der Gruppe diszipliniert mitarbeiten. Es sei sicherlich traurig, was mit meiner Familie geschehen sei, aber es müsse jetzt trotz alledem weitergehen.
Es war so ein Gefühl, als wenn einem das Bein amputiert wird. Damit man nicht mehr hinkt, amputiert man vorsorglich auch noch das andere Bein. Besser gar nicht gehen als hinken!
In der großen Frühstückspause kam dann das Mädel, das in meine Klasse ging und dessen Familie mich eingeladen hatte, auf mich zu. Es gab mir eine Einladung von seinen Eltern und sagte noch einiges Freundliches zu mir.
Mir war das einigermaßen peinlich. Ich fühlte mich sehr komisch. Aber sie machte es so nett, dass ich so etwas Ähnliches

wie ein Dankeschön über meine Zunge stolpern ließ.
Zum Ende dieses ersten Schultages als Heimkind musste ich mich nun auf den Weg ins Heim zurückbegeben.
Am Schultor blieb ich noch eine ganze Weile stehen. Ich blickte in die Richtung meines alten Weges nach Hause. Nichts auf dieser Welt hätte mich davon abhalten können, einfach wieder nach Hause zu gehen! Aber der Stiefvater hatte mich so einfach weggebracht. Mein Widerwillen und der Zorn, ihm noch einmal zu begegnen, wurden immer größer und ich spürte, da gehöre ich nie wieder hin!
Es war ein seltsames Gefühl, in Wut und Abscheu daran zu denken, wonach ich andererseits Sehnsucht hatte.
Nach geraumer Zeit liefen meine Beine fast von allein in Richtung Heim. Ich trödelte die Straßen entlang zur Straßenbahn, stieg ein und guckte mir gelangweilt die Leute an.
Das war jetzt also mein neuer Weg. Einfach scheußlich!
Meine Gedanken durchstreiften noch einmal diesen für mich so seltsamen Tag. Meinen Bruder schien das alles nicht besonders gerührt zu haben. Letztlich war uns beiden klar, dass wir an dem Geschehenen nichts ändern konnten. Also hatten wir so ein bisschen Blablaba miteinander geredete, wie es so geht, und das war es. So gern wie wir uns einerseits sahen, so belanglos gingen wir aber auch wieder auseinander.
In unserer Familie hatten wir immer ein recht raues Verhältnis untereinander. Auf der einen Seite waren wir Brüder, doch war die Anteilnahme am Schicksal des anderen sehr begrenzt. Die ständigen Prügelattacken unserer Eltern machten jedem von uns klar, dass wir uns nicht helfen konnten und jeder damit allein klarkommen musste. Mit dieser Distanz kamen wir aber ganz gut zurecht. Ihn sollte aber auch kurze Zeit später ein ähnliches Schicksal wie mich ereilen – mit dem Unterschied, dass ich erst nach drei Jahren erfahren sollte, dass er in ein Spezial-

heim für schwererziehbare Kinder nach Pretzsch an der Elbe eingewiesen worden war. Darüber war ich schon in sehr besonderer Weise traurig. Damals, erst zehnjährig, litt er unter den Prügeleien des Stiefvaters in besonderer Weise. Er war nicht größer als der Teppichklopfer selbst, mit dem ihm der Stiefvater den Hintern und die Rückseiten der Oberschenkel grün und blau schlug. Es gehört zu meinen abstrusesten Erinnerungen, wie ein physisch kräftiger Mann einem kleinen zehnjährigen Jungen minutenlang den nackten Körper durchprügelt und hinterher noch zynisch fragt, ob das nun endlich reiche. Und auch der kleine Bruder musste letztlich wie jeder Einzelne von uns am Ende seine Wunden selber lecken, wenn er daran nicht verzweifeln wollte.
Die Welt der Erwachsenen war da nicht auf unserer Seite!
Was immer es, von welcher Seite auch, für Gründe gab, ihn in dieses Heim zu stecken – sie waren falsch und böse. Die kleinen Lutscher, die er im Konsum geklaut hatte, hätten nicht einmal ausgereicht, um mit dem Zeigefinger ein böses „Tu, tu“ zu sagen. So jedenfalls trennten sich die Wege unseres Lebens für einige Jahre und nach einer späteren kurzen Begegnung dann für immer. Ich weiß heute, dass er es nicht geschafft hat. Er schaffte es nicht, die Spirale der Gewalt, die durch das Versagen von Eltern schmerzhaft in die Seelen von Kindern implantiert wurde, zu durchbrechen und sich davon zu lösen. Er hatte nicht die Einsicht und die Kraft gefunden, darauf zu verzichten fortzuführen, was ihm Schmerzen bereitete. So war sein Leben schon als Zehnjähriger verloren.

Meine Jugendweihe

Der Heimleiter hatte Wort gehalten und mir für die Jugendweihe einen Anzug besorgt! So etwas hatte ich vorher noch nie angehabt. Das war schon recht komisch! Natürlich wurde ich noch mit etlichen anderen Kleidungsstücken in der Wäschekammer ausgestattet.
In der Zwischenzeit hatte die Gruppenerzieherin für mich auch einen Schulranzen mit dem nötigen Material beschafft. Denn mein Stiefvater, der er nun nicht mehr war, schien nicht im Geringsten daran zu denken, mir mein Schulzeug zukommen zu lassen. Der Samstag im Heim verging gelangweilt, wie so ein Alltag im Kinderheim eben ist.
Der Sonntagmorgen brach an. Meine Jugendweihefeier stand unmittelbar bevor. Meine Erzieherin nahm sich die Zeit, mich mit meinem Anzug fein auszustaffieren. Sie schaute, dass meine Haare ordentlich gekämmt waren und dass ich ja keinen Schmutz unter den Fingernägeln hätte. Ein ordentliches Taschentuch musste ich einstecken, und ich sollte mit den geputzten Schuhen nicht so durch den Dreck laufen. Wenn ich dort in der Familie ankäme, müsse ich die Leute ordentlich grüßen und mich dafür anständig bedanken, dass ich dort mitfeiern könne. Wenn ich etwas geschenkt bekäme, solle ich mich auch ordentlich bedanken.
Da ich so etwas Feierliches, und das auch noch mich betreffend, noch nicht erlebt hatte, sagte ich viele Male „Ja, ja und ja…".
Viel wichtiger war es für mich, endlich aus dem Heim rauszukommen.
Am Brandenburger Theater wurde ich von der Familie empfangen. Sie nahmen mich in ihre Sitzreihe mit. Nach der öffentlichen Feierstunde ging die Familie mit mir nach Hause. Bis dahin war der Ablauf der Ereignisse noch der übliche.

In der Familie selbst wurde diese Feier dann für mich doch mehr zu einem Alptraum. Was sie damals gut und lieb meinten, wurde eher zu einer Mitleidsangelegenheit, die mich sehr peinlich berührte und mir meine missliche Lage noch einmal deutlich vor Augen führte. Von jedem Anwesenden bekam ich „als kleine Aufmerksamkeit" einen Briefumschlag mit Geld zugesteckt und dazu ein paar freundliche Worte gesagt.
Dann saß ich am Tisch und guckte. Ich wusste nicht, was ich mit den mir meist fremden Leuten reden sollte, und sie wussten wohl auch nicht so richtig, wie sie mit mir, einem fremden Jungen, umgehen sollten. Also machte auch keiner den Versuch einer Annäherung. Für mich blieb das Gefühl, andauernd mit meiner Anwesenheit zu stören. Eigentlich war ich nur noch mit dem Gedanken beschäftig, wie ich hier endlich wegkomme.
Am frühen Nachmittag sagte ich dann schließlich, dass ich wieder ins Heim zurück müsse und nun also gehen würde. Ich glaube, sie alle empfanden die Situation nicht anders als ich. Meine Absicht zu gehen schien alles zu entkrampfen, und so war man geneigt, mich wohlwollend zu verabschieden.
Wie immer als Kind – nicht ohne eine Menge wichtiger Hinweise für das gute Benehmen und dass doch alles gut werden würde und ich den Kopf nicht hängen lassen solle. So hatten sie zum Abschied immerhin mehr mit mir geredet, als es zur gesamten Feier der Fall gewesen war. Ohne einen bösen Gedanken war ich aber froh, dort endlich weggekommen zu sein.
Versöhnlich empfand ich, diese Briefumschläge bekommen zu haben. Neugierde, wieviel Geld es sein könnte, erhellte meine Stimmung deutlich. Meine Augen begannen zu leuchten, denn es waren knapp 120 Mark. So viel Geld hatte ich noch nie in meinem Leben besessen, und ich begann auch gleich auszurechnen, wie viel Schokolade, Bonbons und ähnliches ich dafür kaufen könne.

Für eine gewisse Zeit dachte ich mal wieder etwas Gutes von dieser Welt. Und was davon ist geblieben?
Nun, auf meinen Wegen heute verschließe ich keine Türen, weil da vielleicht jemand zu mir kommen muss und einen Ort zum Verweilen braucht. Er muss nicht reden, wenn er in der Stille seines Daseins Frieden findet.
Ich konnte sie damals nicht gleich verstehen, aber ich habe es dieser Familie nie vergessen!!!
Im Heim ankommend, hatte mich mein Misstrauen davor bewahrt zu sagen, wieviel Geld ich wirklich bekommen hatte. Denn die 50 Mark, die ich angab, musste ich zu meinem Entsetzen im Heim sofort abgeben. Es hieß, sie würden das Geld für meine Zukunft sparen. Darüber war ich über die Maßen wütend und konnte meinen Unmut auch mit einigen deftigen Bemerkungen nicht für mich behalten!
Belehrend erfuhr ich dann noch, dass unter 16-jährige Kinder im Heim kein eigenes Geld in Besitz haben durften. In den nächsten Monaten sollte ich erfahren, welch verheerende Wirkung dieses Reglement auf unser Leben als Heimkinder haben sollte. Da ich, Gottseidank, noch einige Taler für mich behalten hatte, freute ich mich diebisch, sie mit meinem eigenen Geld wenigstens ein bissel ausgetrickst gehabt zu haben.
Weil ich noch ein Heimneuling war, hatte am späten Sonntagnachmittag keiner ein sonderliches Interesse, mich nach der Jugendweihe zu fragen. So fand diese Jugendweihe für mich ihr stilles Ende.
Der Abend des Tages war nun nicht mehr fern. Das Abendessen in der Gruppe lenkte mich noch ein wenig vom Geschehen des Tages ab. Danach zog ich mich ins Zimmer zurück und wollte einfach nur allein sein. Langes Grübeln über das alles, was da so in den letzten Wochen mein Leben auf den Kopf gestellt hatte, begleitete mich in den Schlaf.

Alltag im Heim

Einigermaßen unausgeschlafen begann der Montagmorgen. Mein Alltag im Kinderheim nahm seinen Lauf. Es war schon recht nervig, wenn etwa zwölf Knaben am frühen Morgen mit der Waschtasche in der Hand, im Schlafanzug und in Latschen schlurfend und gähnend über den Gang zum Waschraum trotteten. Einige faselten schon am frühen Morgen ununterbrochen irgendwelche Geschichten. Man konnte meinen, ihr Mundwerk war am Schlafen gar nicht beteiligt. Andere rannten im Flur fast gegen die Wände, weil sie im Laufen selbst noch zu schlafen schienen. Der Erzieher, der im Heim zum Nachtdienst dort auch schlief, überwachte dieses ganze morgendliche Prozedere, ob auch jeder seine Zähne ordentlich putzte und sich von oben bis unten wusch. Wie die anderen versuchte auch ich, diesen Vorgang schnell und so trocken wie möglich zu erledigen.

Betten bauen und Zimmer aufräumen gehörten zum morgendlichen Alltag, zu dem die gesamte Schar von Kindern und Jugendlichen einen übereinstimmenden Widerwillen hatte. Aber es nutze nix.

Anschließend ging es zum gemeinsamen Frühstück. Danach schnappte sich jeder seinen Ranzen, und ab ging es in die Schule. Mit einigen vom Heim erhaltenen Schulmaterialien machte ich mich auf den Weg zur Schule, der mir alles andere als Vergnügen bereitete.

In der Schule war noch einmal die Jugendweihe das Gesprächsthema in aller Munde. Ich glaube, am wichtigsten waren für die meisten die Geschenke. Jeder staunte, was der andere bekommen hatte, und so mancher beklagte auch, dass seine Wünsche nicht so in Erfüllung gegangen waren, wie er sich das vorgestellt hatte. Wie das eben so ist. Recht lustig waren die Erzählungen zu den Feiern: Wer wie angezogen war, wie komisch wir uns in unseren Anzügen gefühlt hatten, wie wir uns auf der Bühne im Theater anstellten, usw. Die Mädels, die doch alle recht hübsch zurechtgemacht waren, waren für uns Jungs noch nicht so interessant. Das war so und gut.

Dankbar erinnere ich mich daran, dass ich im Trubel der vielen Geschichten der anderen mit meinen Erlebnissen nur eine Geschichte von vielen gewesen war. Ich war auch nicht sonderlich darauf erpicht, darüber großartig etwas zu erzählen.

Die neuen Umstände meines Lebens als Heimkind brachten es nun mit sich, dass sich mein Leben in einem sehr rasanten Tempo veränderte. Meine Stellung und mein Ansehen unter den Jungen in der Schule veränderten sich zusehends. Auch die Art, wie wir miteinander redeten, veränderte sich. Ich konnte nichts mehr von zu Hause oder etwas über meine Eltern berichten. Es gab keine Geschwister mehr, über die man reden konnte und an gemeinsamen Aktionen war ich praktisch nicht mehr beteiligt. Ich war einfach komplett raus! Es war eine schleichende Ausgrenzung, für die es keinen Schuldigen gab!

Allmählich wollte über das Leben im Heim auch keiner mehr etwas von mir hören. Denn jetzt sagte ich ja immer: „bei mir im Heim" oder „die Erzieher haben gesagt" und ähnliches. Allein die Tatsache, immer pünktlich im Heim sein zu müssen, machte mich zusehends zum Außenseiter. Am Nachmittag konnte ich nicht einfach zu einem Treff kommen, mal etwas besorgen oder zu jemand hingehen. Für die Jungs wurde es nun nervig zu hören (und für mich wurde es nervig zu sagen), dass ich meine Straßenbahn nicht verpassen durfte. Kein Kind durfte zu spät ins Heim kommen! Noch weniger verstanden es die Jungen, wenn ich ihnen erklärte, dass ich den Erziehern im Heim genau erklären musste, was geschehen sei, wenn ich zu spät kam und dass ich für ein unbegründetes Zuspätkommen auch bestraft wurde. Ich war nicht mehr Ihresgleichen!

Ich schwamm in der Mitte eines zu breiten Flusses. Von dessen einen Ufer war ich zu weit entfernt, um zurückzuschwimmen. Und das andere, rettende Ufer war zu weit weg, um es zu erreichen. So wurde ich in der Strömung dieses Flusses hin und her gerissen.

Die Tage im Heim gingen dahin. Die Regeln des Heimes bestimmten meinen Alltag und die Hausordnung war unser Gesetz. Mein Leben bekam eine Struktur, die ich zuvor so nicht gekannt hatte, und rief gleichzeitig meinen größten Widerwillen hervor. Sie verstanden nicht, dass ich sie nicht verstand. Menschen, zu denen ich einen persönlichen Bezug hatte, gab es hier für mich nicht.

Es war irrig zu glauben, dass wir funktionierten, weil wir es der Heimordnung nach so mussten.

Aus welchen Gründen auch immer war der Verzicht auf intensive Zuwendung unser Alltag. Unsere Kinderseelen lebten in einer großen emotionslosen Selbstüberlassenheit.

Meine Eigensinnigkeit und Ablehnung waren die ersten scharfen Konturen dafür, nicht in ihr Schema zu passen – ein Schema, das sie nicht lesen konnten. Im Heim als Kind etwas sehr Individuelles, Persönliches zu wollen, passte nicht in einen alltäglichen Rhythmus, der funktionieren musste. Für einen Gruppenerzieher mit ca. 20 Kindern beschränkte sich das Maß der Zuwendung auf klare Ansagen, was zu tun und was zu lassen war. Nur eines hatte sich für mich sehr wesentlich verändert: Ich musste keine körperliche Gewalt mehr befürchten.

Trotzdem, mein Widerwille in diesem Heim leben zu müssen, war ungebrochen und wurde immer stärker. Regeln und Anweisungen der Heimerzieher zu befolgen, fiel mir von Mal zu Mal schwerer. Es war nur eine Frage der Zeit, bis erste Spannungen auftreten würden und größere Konflikte offen zum Ausbruch kommen würden.

Rebellion und lange Haare

Zwischen den Erziehern und mir wurde der Tonfall immer heftiger und lauter. Da ich als unter 16-Jähriger das Heim praktisch nicht verlassen durfte, und wenn, dann nur in der Gruppe, fühlte ich mich regelrecht eingesperrt. Ich hatte zwar ein mehr oder weniger furchtbares Zuhause gehabt, aber draußen herumtreiben konnte ich mich immer. Die Enge des Heimlebens machte mich immer aggressiver.

Um nicht gänzlich den Kontakt zu meinen Freunden und Kumpels zu verlieren, verließ ich anfangs heimlich das Heim, um mich zunehmend gar nicht mehr darum zu scheren, jemanden um eine Erlaubnis zu fragen, die ich eh nicht bekam. Mit der Zeit verlor ich auch das Maß und blieb so lange fort, dass man mich zu suchen begann.

Die Heimleitung ließ mich natürlich von der Polizei suchen. Wenn sie mich dann aufgegriffen hatten, wurde ich sofort mit dem Polizeiauto ins Heim zurückgebracht. Als permanenter Ausreißer stand ich natürlich fortan unter besonderer Beobachtung des gesamten Heimpersonales. Der eigentliche Unsinn bestand darin, dass mir der normale und durchaus vernünftige Umgang mit meinen Kumpels wegen Heimordnung verweigert wurde. Ich war ja kein „Ausreißer", der nicht wiederkommen wollte.

Sie schufen in mir einen Groll, weil sie mich nicht in der Welt leben ließen, die die meinige war, und die ihnen keinen Schaden bereitet hätte. Obhut und Fürsorge wurden so für mich zum Alptraum und mein renitentes Verhalten entsprang einer unsinnigen Verweigerung von Lebenskontakten. Dass sich diese Einschätzung meines Charakters durch das Heimpersonal Stück für Stück in andere Bereiche übertrug, war eine Folge, zu der mir damals die Weitsicht fehlte.

Besonders schlimm war es für meine Erzieher, als ich begann, meine Haare lang wachsen zu lassen. Zu jener Zeit (1970) war dies in einem staatlichen Kinderheim der DDR ein absolutes Unding! Es war noch die Zeit der sogenannten „Gammler", wie Langhaarige damals stigmatisiert wurden, die als Störenfriede und staatsfeindliches Gesindel im Abseits der Gesellschaft standen. Mit einer großen Trotzigkeit in der Seele gesellte ich mich allzu gern zu ihnen und wurde als der Kleine von den Großen auch sehr liebevoll geduldet. Dagegen war auch eine noch so gut gemeinte Pädagogik ein einziges Drangsal.
Mit ausgesprochen wenig Bewusstsein für solche gesellschaftlichen Zusammenhänge wurde ich im Heim von den Erziehern sehr schnell zum Aufrührer und für alles Mögliche abgestempelt. Alle Versuche, mich zum Abschneiden der Haare zu bewegen, auch unter Androhung von Strafen, scheiterten natürlich. Ein letzter Versuch, mich unter körperlichem Zwang einem Friseur zuzuführen, endete zwischen meiner Erzieherin und mir mit einer bösen körperlichen Auseinandersetzung. Ich schlug ihr in meiner maßlosen Wut einige Male meine Faust ins Gesicht. Die Strafe, vier Wochen in meinem Zimmer bleiben zu müssen (was ein sogenannter Gruppenausschluss war), war mir ziemlich egal. Ich kletterte einfach aus dem Fenster und ging meiner Wege. Es war für ein Heim dieser Kategorie letztlich ziemlich mühselig, einen Jungen wie mich zwingend unter Kontrolle zu bringen. In meinem Fall schien es gar unmöglich.
So verging die Zeit von Mitte April 1970 bis zum Schuljahresende Juni 1970 unter sehr angespannten Verhältnissen. Natürlich hatte ich mich vor allem mit einigen Jungen im Heim angefreundet, die sich wie ich in ihrer Gesinnung nur mit größtem Widerwillen in die Gemeinschaft einfügten. Wir lebten Stück für Stück in einer völlig eigenen Welt, zu der Außenstehende keinen Zugang bekamen.

Die damalige DDR-Pädagogik hatte die Eigenart, alle Lebensgestaltungen, die nicht ihrem System entsprachen, als etwas Aufsässiges, gegen die Gesellschaft gerichtetes Verhalten zu behandeln. Das galt auch für uns Kinder. Sich die Haare lang wachsen zu lassen, konnten selbst die eingefleischtesten Genossen nicht mit überzeugenden Worten als ein gesellschaftswidriges Verhalten erklären. Meine damals gestellte Frage an die Erzieher, was daran so falsch sei, brachte nur den Erklärungsreflex hervor, dass sich dies nicht gehöre.

Mit 14 Jahren hatte ich an Politik ähnlich viel Interesse, wie Wilhelm Busch an einer Busreise auf den Mars. Und doch war dieser schleichende Prozess der ideologischen Beurteilung etwas, das unser Leben in vielen Dingen maßgeblich zu unserem Nachteil bestimmte. Dort, wo sie meinten, das ich mit aufrührerischem Verhalten das gesellschaftliche Gemeinwesen störe, begannen sie eigentlich erst, mein Bewusstsein dafür zu entwickeln; ich begann darüber nachzudenken, was sie meinten, von mir wollten und, und, und – sie hatten recht!

Auch wenn es oft nur ein sehr persönliches Interesse meinerseits war und ich noch ganz weit davon entfernt war, die Dinge im größeren Kontext wahrnehmen zu können, so entwickelte ich in meinem Lebensgefühl einen sehr persönlichen Widerstand, weil ich nicht böse war und eigentlich nichts Böses tun wollte. Eigentlich war ihnen meine Seele zu guter Letzt völlig egal, wenn sie nicht ihren ideologischen Vorgaben entsprach. Ich war eigensinnig genug, in vielen Dingen einen eigenen Anspruch zu haben, mit dem ich selbst im Kinderheim trotz politischem Desinteresse scheitern musste.

Es dauerte natürlich nicht lange, bis auch in der Schule die ersten größeren Probleme auftraten. Mit meinen langen Haaren galt ich bei den Lehrern als äußert aufsässig. Lehrer und Heimerzieher berieten sich mehrere Male, wie mir beizukommen sei, da ich mit diesem Auftreten das gesamte Klassenklima untergrabe. Da ich in mehreren persönlichen Gesprächen keinerlei Einsichtig zeigte, kamen auch keine vernünftigen Gespräche zustande.

Ich war zu keiner Zeit ein Musterknabe. Jetzt entwickelte ich mich aber ziemlich schnell zu einem eigensinnigen Jungen, und ich trat den Lehrern immer herausfordernder gegenüber. Mich mit einem Eintrag ins Hausaufgabenheft wegen schlechten Verhaltens im Unterricht ins Heim zu schicken, belächelte ich, und ich machte vor den Lehrern bestenfalls noch Witze darüber. Diese Einträge legte ich natürlich niemandem vor, und mir war es auch vollkommen egal, ob die Lehrer nach einer Unterschrift der Erzieher verlangten. Für die Lehrer war es kaum noch möglich, mich zu erreichen.

Die Schule interessierte ich immer weniger, und das Klassenziel der 8. Klasse war unter diesen Umständen nicht zu schaffen.

Mit anderen Worten: Ich blieb sitzen!

Und das war mir völlig egal. Für die Schule wurde ich in sehr kurzer Zeit zu einer sehr großen Belastung. Deshalb wurde ich zum Schuljahresende vom Heimleiter zu einem kurzen Gespräch geholt und darüber informiert, dass ich aus disziplinarischen Gründen in die Heinrich-Heine-Schule strafversetzt würde. Man hoffte, dass ich mich bessern und daraus die richtigen Konsequenzen ziehen würde – das waren die mittlerweile üblichen Standardformulierungen, die ich zu hören bekam. Wie so oft versuchte ich, mit ständigem Jasagen jegliches Gespräch so schnell wie möglich an mir vorbeigehen zu lassen. Ändern konnte ich sowieso nichts. Für mich war es irgendwie völlig egal, wohin ich gehen sollte. Wenn sie mich wohin schickten, wohin ich nicht wollte, wäre ich einfach nicht gegangen. Die Perspektive, bis zu meinem 18. Lebensjahr im Heim zu leben, hatte für mich überhaupt keinen Sinn. Die ganzen Ferien hätte ich hier verbringen müssen, und ich hätte jeden Tag diesen Trott des Heimes erleben müssen. Da waren solche Strafversetzungen für mich eher ein Abenteuer als eine Strafe. Ich hätte es so nie formuliert, aber immer so gefühlt.

Leibliche Bindungen

In der Zwischenzeit hatte die Heimleitung wahrscheinlich mit dem Jugendamt Brandenburg die höchst seltsame Idee ausgedacht, Kontakt zu meinem leiblichen Vater aufzubauen! Diesen hatte ich seit meinem vierten Lebensjahr nicht mehr gesehen. Besser gesagt, ich kannte ihn eigentlich gar nicht.

Der Heimleiter ordnete an, dass ich mich ab Beginn der Sommerferien regelmäßig jedes Wochenende zu ihm zu begeben hätte. Aus den sehr wenigen Erzählungen meiner Mutter wusste ich, dass er ein sehr widerlicher Mensch sein musste. Die Pikanterie bestand vor allem darin, dass er zu jener Zeit als vielfach vorbestrafter Krimineller unter der Aufsicht meines Stiefvaters, der als Strafvollzugsbeamter im Strafvollzug Brandenburg tätig war, dort als Gefangener mehrfach einsaß. In diesem Gemäuer haben sie beide wohl ihre Seele verloren, verkauft und verraten.

Natürlich weigerte ich mich, diesen Mann zu besuchen. Mir war ausgerechnet dieser Mann völlig egal. Und vor allem: Ich wollte keinen Vater mehr haben! Mein Herz war mittlerweile zu einer Vagabundenseele herangewachsen. Ich liebte es geradezu, kleine Dummheiten anzustellen und die Pädagogen in anberaumten Gesprächen leerlaufen zu lassen, und sie hatten nichts Besseres zu tun, als mich mit diesem irren Menschen zusammenbringen zu wollen!

Da ich mich aber in der Zwischenzeit mit meinem widerspenstigen Verhalten auch nicht gerade in die Herzen der Heimleitung versenkte, hatte man die ersten fünf Wochenenden dieser Begegnung unter polizeilicher Begleitung festgelegt und organisiert. Dem konnte ich mich natürlich nicht entziehen. Das heißt, ich wurde dorthin gefahren und auch wieder von der Polizei von dort abgeholt. Die einen wie die anderen wussten, was sie taten!

Selbst nach so vielen Jahren kann ich diesen Versuch des Heimes nicht deuten und verstehen. Dieser Versuch der „Familienzusammenführung" – wie sollte ich es anders nennen – musste natürlich kläglich scheitern, wenn man einem Menschen begegnen muss, zu dem man nur auf Anordnung anderer eine Bindung aufbauen soll.

Wie beschreibt man einen Menschen, der einem aus tiefster Seele zuwider ist, den man seinen Vater nennen muss, der von oben bis unten blau tätowiert ist, die Hälfte seines Lebens im Knast verbracht hat und von dem ich nur wusste, dass er ständig in Brandenburg durch Saufgelage, Schlägereien und andere diverse Tatbestände bekannt war und deretwegen er die Gefängniszelle sein zweites Wohnzimmer nennen konnte. Ein Mensch, der darauf verzichtet, aus eigennützigen Motiven sein Kind großzuziehen! Im Bauchgefühl prägte dieser Gedanke meinen tiefsten Widerwillen gegen diesen mir so fernen Menschen!

Seine pechschwarzen Haare waren im damals üblichen, straffen Fasson geschnitten, mit irgendwelchem fettigen Zeug eingeschmiert und im damals auch sehr typischen Entenschnitt mit vorgeschobener Haarwelle aufgedonnert. Als Typ verkörperte er den klassisch hager-knochigen, raubeinigen Gesellen, der mit harter Stimme jeden Satz in den Ohren seines Gegenübers imperativ einhämmerte. Er war ein ekelhaft apodiktischer Charakter, der das Recht seiner Ansichten mit seinem herrischen

Auftreten durchsetzte. Ein klassischer Fall, wie Vernunft an Fäusten für den Augenblick scheitern kann.
In seinen prankenartigen Händen, deren rechter Zeige- und Mittelfinger von den damals noch vielen filterlosen Zigaretten dunkelbraungelb gebrannt waren, hielt er ständig eine brennende Zigarettenkippe. Zwischen Daumen, Ring- und kleinem Finger klemmte ohne Unterlass eine Flasche Bier.
Eine seiner besonderen Fähigkeiten war es, mit einer Hand in der Tasche komplett eine Zigarette zu drehen, ohne sie zwischendurch herausnehmen zu müssen. Dann holte er sie genüsslich heraus, ließ seine Zunge über die Klebefläche gleiten und zündete sich inbrünstig diesen Glimmstängel an.
Es mag das Unrecht einer subjektiven Beschreibung sein, einen Menschen so darzustellen – und doch: Er war so! Rubens wäre, statt mit üppigen Formen der weiblichen Fülle, hier mit einem Porträt des Bösen eindrucksvoll in der Geschichte des Malens zur Ewigkeit gelangt.
Ich verbrachte also einige Sonntagnachmittage bei diesem Mann auf dem Hinterhof mit seiner Familie, zu der ich ja komischer Weise trotzdem auch irgendwie gehörte. Ich lernte dort natürlich seine Frau kennen, die in ihrer gesamten Erscheinung das kopierte Ebenbild seines Wesens verkörperte und dem Gesetz nach sogar meine Stiefmutter war! Hinzu kamen ihre Kinder, die auch gleichzeitig wieder meine Stiefgeschwister waren. Es schien so, als wolle sich das abstruse Thema Familie wieder wie eine Lawine über mein Leben ergießen.
Ich war von jedem dieser Besuche auf das Äußerste angeödet und hasste das Kinderheim heftigst dafür, dem ich diese Schmach zu verdanken hatte. Mit den, dem geneigten Leser hier nicht zuzumutenden Attributen habe ich das auch nach jeder Rückkehr ins Heim den Erziehern zu verstehen gegeben. Als man nach einiger Zeit im Heim des festen Glaubens war, dass

ich diese Besuche regelmäßig abstatten sollte, führten mich meine Wege an ganz andere Orte. Das Erfinden von Geschichten gehörte fortan zu meinem Programm und erreichte nach einiger Zeit auch eine gewisse Perfektion der Darstellung und Glaubwürdigkeit. Als ich begriff, mit welch einfachen Geschichten ich mich erfolgreich ihrer Kontrolle entziehen konnte, gewann ich um den Preis der Heuchelei viel Freiheit.
Zum Jahresende hin verlief sich diese Geschichte aber im Sande und schien auch keinen mehr sonderlich zu interessieren. Andere Probleme mit mir traten jetzt in den Vordergrund.

Sommerferien, Geldbeschaffung und Freiheit

Meine ersten Sommerferien im Heim begannen. Ich musste etliche Erziehungsgespräche wegen des Sitzenbleibens in der Schule über mich ergehen lassen. Ich hörte mir das alles an, meckerte und motze nur noch herum. Ich war für die Erzieher eigentlich nicht mehr erreichbar.
Einerseits war mein leibliches Wohlergehen, Nahrung, Kleidung und Bett an dieses Heim gebunden, andererseits wollte ich ständig von irgendetwas ausbrechen, weil ich mich gefangen fühlte.
In meiner naiven Welt eines renitenten wilden Jungen hatten die Regeln der Fürsorge keinen Platz mehr. Gleichgültigkeit gegen die Ordnung des Heimes und dessen geregelten Lebensablauf ließen meine Eigensinnigkeit immer mehr wachsen. Je mehr ich spürte, wie begrenzt ihre Mittel waren, mich und uns als Klicke in Zaum zu halten, umso intensiver lebte ich in meiner eigenen Welt. Ich lebte immer mehr mit dem Gefühl, dass es völlig egal sei, wie und was aus meinem Leben werden würde. Dieser kindlich naive Trotz trieb tagtäglich mehr seiner Blüten.

Mit Beginn der Sommerferien begannen wir uns als Klicke straff zu organisieren, indem jedes Mitglied seine Aufgaben hatte. Es galt, regelmäßig Zigaretten zu beschaffen. Andere waren damit beauftragt, wie auch immer, Geld heranzuholen.

Mittlerweile war das Verbot für uns unter 16-Jährige, noch kein Geld haben zu dürfen, absolut unwichtig. Wurde Geld gebraucht, wurde es kurzer Hand irgendwo geklaut. Uns ging es nicht darum, Unsummen und große Dinge haben zu wollen. Wir wollten uns Bonbons und Schokolade kaufen! Wir wollten, wie die anderen, am Strand schicke Badehosen tragen und irgendwelchen anderen kleinen Kram, der für uns die große Welt bedeutete. Und es war ein Sommer, in dem wir an diesen Dingen auch keine Not mehr litten...

Da sich das Gelände des Heimes unmittelbar am großen Schrottplatz des Stahlwerkes Brandenburg befand, hatten wir auch hier ein riesiges Abenteuergelände. Natürlich war es uns strengstens verboten, uns dort aufzuhalten. Aber wir liebten diesen Ort, und kein Verbot der Welt konnte uns daran hindern, hier unser Unwesen zu treiben.

Da sich unmittelbar an der Geländegrenze des Schrottplatzes das Ufer des Queens-Sees befand, hatten wir auch hier unendliche Möglichkeiten, etwas zu unternehmen. Wir wussten immer sehr genau, wo sich Arbeiter und anderes Personal aufhielten. So konnten wir unsere Unternehmungen auch ziemlich ungestört ausführen. Da Geldbeschaffung eine regelmäßige Notwendigkeit war, bauten wir uns auf dem Schrottplatz eine Glockenpuppe. Daran übten wir mit großer Hingabe das Klauen.

Wir bauten mit Schrottteilen regalähnliche Konstruktionen auf, um zu üben, wie man unter schwierigen Bedingungen im Konsum Zigaretten, Schokolade und anderes stehlen konnte. Zu den besonderen Tests gehörte es dann, wenn wir zu dritt oder viert in größeren Geschäften ausschwärmten. Dort stolperte jemand versehentlich in ein Zigarettenregal und riss es komplett um. Natürlich eilten wir anderen herbei und halfen sehr freundlich der Verkäuferin beim Aufräumen. Sie wusste natürlich nicht, dass wir Jungen zusammengehörten. Dabei stahlen wir natürlich so viel, wie wir brauchten. Wir waren schlau genug, den zeitlichen und räumlichen Abstand so zu gestalten, dass es niemandem möglich war, uns auf die Schliche zu kommen.

Das Wichtigste für uns war aber das „Unternehmen Freiheit". Wir nannten es so, weil wir des festen Glaubens waren, dass wir dafür mittlerweile kämpfen müssten Unsere Definition von „Freiheit" begrenzte sich allerdings auf die Betrachtung, dass uns niemand etwas zu sagen hätte und wir zu jeder Zeit machen könnten, was wir wollten. Da waren wir ziemlich ideologiefrei. Im gemeinsamen Schimpfen auf das Heim und dieses Leben in der „Gefangenschaft", was wir uns mit tiefster Überzeugung gegenseitig einredeten, planten wir eine mehrtägige Flucht aus dem Heim. Da wir einige Male erlebt hatten, wie Kinder und Jugendliche, die immer wieder mal abgehauen waren und von der Polizei zurückgebracht wurden, war uns klar, wie wenig uns passieren würde. Es war das übliche Schimpfen der Heimleitung und Erzieher. Aber mehr passierte, für uns wahrnehmbar, nicht wirklich.

Der Plan stand fest und Ende Juli zogen wir eines Nachts los. Es war schön warm und insgesamt ein gediegenes Wetter. Nun, was für uns damals ein großer Plan war, war nix weiter, als dass wir einfach „stiften" gingen und uns in der weiteren Umgebung Brot und anderes Essbares in den Läden zusammenräuberten. Die an den damaligen Landstraßen üblichen Obstbäume bildeten ein für unsere Bedürfnisse ausreichendes Nahrungsangebot für Unternehmen dieser Art. In den Scheunen der umliegenden Dörfer schliefen wir und glaubten, jetzt die große, lang ersehnte Freiheit gefunden zu haben. Eigentlich liefen wir nur durch die

Gegend, gingen irgendwo baden und hatten Spaß.
Am vierten Tag meldeten wir uns, wie vorher abgesprochen, bei einem ABV in einem kleinen Dorf, dem sogenannten Abschnittsbevollmächtigten der Polizei.
Der ließ sofort ein größeres Aufgebot der Polizei kommen. Jeder wurde von der Polizei einzeln vernommen. Dann wurden wir mit zwei Polizeiautos in das Kinderheim zurückgebracht.
Natürlich wurden wir alle vier in einer Kinderheimvollversammlung vor allen anderen Kindern zusammengestaucht. Mit einem strengen Heimtadel und allem, was sie an weiteren Sanktionen zur Verfügung hatten, wurde jeder bestraft.
Wir hatten nicht das Gefühl, wirklich etwas Böses getan zu haben, und auch die Strafen empfanden wir selbstverständlich als höchst ungerecht.
Fortan redeten auch die Erzieher mit uns in einem sehr strengen Ton und wir bekamen jetzt die geballte Aufmerksamkeit unserer eigenwilligen Aktivitäten zu spüren.
Trotzdem war es schwierig, uns den Heldenstatus bei den anderen Kindern wegzunehmen. In den nächsten Tagen hatten wir nichts anderes zu tun, als den anderen zu erzählen, wie das alles organisiert und abgelaufen war.
Die restlichen Ferienwochen verbrachten wir natürlich unter besonderer Beobachtung der Erzieher im Heim. So gingen die Sommerferien im Kinderheim recht trist zu Ende. Allmählich kehrten die Kinder zurück, die in den Ferien nach Hause fahren durften. Für die Kinder, die im Heim bleiben mussten, war es einfach langweilig. Außer dem Badengehen am See in der Gruppe gab es keine aufregenden Aktionen seitens des Heimes.

Neues Schuljahr, Mädchen und Zwischenfall

Für mich brach nun mit Schulbeginn wieder einmal ein neues Zeitalter in der neuen Schule an. Ich begann noch einmal mit der achten Klasse! Ich musste mich wieder mit neuen Mitschülern bekannt machen, und die Tatsache, dass ich ein Heimkind war, brachte mich natürlich nicht unbedingt in eine vorteilhafte Situation. Allerdings hatte ich ja in der alten Schule meine Erfahrungen gesammelt. Da wusste ich, was mich erwartet, und ich wusste, was ich zu tun hatte, wenn mich jemand als Heimkind beleidigen wollte.

Meine Einstellung zum Lernen hatte sich nicht unbedingt zu meinem Vorteil verändert. Die Lehrer und meine Mitschüler waren mir eigentlich egal.

Vom ersten Tag an erledigte ich keine Hausaufgaben. An Unterrichtsstunden, zu denen ich keine Lust hatte, nahm ich einfach nicht teil und ging mich irgendwo draußen herumdrücken. Den Erwachsenen gegenüber trat ich sehr ruppig auf und fühlte mich dabei unheimlich stark.

Ich rauchte mittlerweile auch auf dem Schulhof ganz öffentlich. Lehrern, die mich aufforderten, dies zu unterlassen, sagte ich einfach, dass sie abhauen sollten. Ich merkte ja auch, dass die Strafversetzung in diese Schule nichts weiter war, als ein Schulwechsel. So sorgte ich von Anfang an dafür, bei den Erwachsenen über mich ein sehr negatives Bild zu verbreiten. Zu meiner Verwunderung kam ich bei den Mädels in der Schule, obwohl ich ein Heimkind war, recht gut an. Was wollte ich noch mehr?

Nur irrte ich mich sehr, als ich glaubte, es sei mein ruppiges Auftreten, das die Mädels mir so gewogen machte. Was ich nicht begriff, war der Umstand, dass die Mädels mein Heim als mein Zuhause nicht interessierte. Sie wollten mich als Klaus haben, der ich war.

Ich hingegen fing an zu glauben, mit allerlei Blödsinn bei ihnen Gefallen zu finden. Natürlich war ich auch in jede unsterblich verliebt und verfiel in große Trauer, wenn ich wieder allein dastand. Ich war nicht in der Lage, geliebt und begehrt zu werden, richtig zu verstehen. Es musste scheitern.

Im Kinderheim war ich von den Erziehern kaum noch zu bändigen. Ich ließ mir nicht mehr sagen, wann ich zu kommen und zu gehen hatte, was ich machen und wie ich es machen solle.

Fast jeden dritten oder vierten Tag musste ich zum Heimleiter, der mich mit zunehmender Wut immer heftiger zusammenstauchte und dem ich jedes Mal das Heilige vom Himmel versprach, mich nun endlich zu bessern. Sein Verzweifeln war mein zweifelhafter Triumpf.

Über mein Verhalten und ähnliches dachte ich überhaupt nicht mehr nach. So, wie meine Lust am Morgen war, so gestaltete sich auch mein Tag. Zu guter Letzt ging ich auch ganze Tage nicht in die Schule, wenn ich dazu keine Lust hatte. Ich fuhr in die Stadt und gammelte überall herum. Mit der Straßenbahn fuhr ich natürlich schwarz. Geld hatte ich jetzt zwar immer, aber es war für mich höchst reizvoll, auch in diesen Dingen immer gegen Regeln zu verstoßen und meine Umwelt herauszufordern. Vor den Kontrolleuren hatte ich keine Angst, denn ich sprang auch während der Fahrt aus der Straßenbahn. Zumal die Kontrolleure nicht damit rechneten, dass ich sie einfach wegstieß und mir so den Weg zur Flucht frei machte.

So war ich innerhalb weniger Monate mit meiner gesamten Umwelt in Konflikte geraten. Ich hatte keine Wahrnehmung für eine Besinnung auf Besserung. Mit meinem teils sehr rüden Auftreten stieß ich zunehmend auf Ablehnung meiner Umwelt. In dem Maße, wie ich mich anderen zumutete, hatte ich immer weniger Freunde. Es war nur eine Frage der Zeit, wann etwas schieflaufen würde, und mich verließen auch alle guten Geister, dies rechtzeitig selbst zu erkennen und wahrzunehmen.

So kam es dann Ende November in der Schule wieder einmal zu einer heftigen Schlägerei in der vierten Etage. Daran waren mehrere Jungen und Mädels beteiligt. Und ich ausnahmsweise einmal nicht! Die Tragik dieser Situation bestand für mich darin, dass ich einem Mädel nur helfen wollte, als ich hinzukam. Ich packte den Jungen, der auf ein Mädel einschlug und schob ihn rücklings an das Geländer und drückte ihn darüber. Just in diesem Augenblick kamen der Schuldirektor und zwei Lehrer. Sie sahen mich genau in diesem Augenblick und schrien entsetzlich auf mich ein, es sein zu lassen. Ich wollte den Typen eigentlich nur fixieren, und sie dachten, ich will ihn dort von der vierten Etage den Treppenschacht hinunterwerfen!

Das hatte ich zwar wirklich nicht vor, doch ich konnte deren Wahrnehmung nicht mehr korrigieren.

Sofort musste ich unter Begleitung der Lehrer mit zum Direktor. Dort bekam ich nur noch kurz, hart und unmissverständlich den Satz zu hören, dass ich augenblicklich die Schule zu verlassen hätte, und zwar für immer.

Ich fand das total sch.... und wollte wie immer (in dem Falle sogar zu Recht) meine Unschuld beteuern. Aber das half gar nix mehr. Ich war raus!

Ohne die Tragweite dieser Entscheidung ganz zu begreifen, war mir aber schon klar, dass ich jetzt nicht mehr so ungeschoren davonkommen würde.

Als ich dann mit maßloser Wut im Heim ankam, war man dort bereits schon im Bilde. Ich hörte nur solche Sätze wie: „Na, da hast du es ja wiedermal geschafft!“ usw. Unter Androhung schärfster Sanktionen durfte ich ab sofort das Heim keinen Schritt mehr verlassen und musste warten, wie und was über mich entschieden wurde.

Mir war nun doch recht mulmig zumute, denn man achtete sehr

energisch darauf, dass ich das Heim nicht mehr verlassen konnte oder irgendwelche anderen Sperenzchen anstellen würde. Auch die anderen Jungs durften sich nicht mehr mit mir abgeben.
So blieb ich unter strengster Aufsicht bis zum Jahresende 1970 im Heim. Es gab auch keine Gespräche oder sonstiges mehr. Deshalb langweilte ich mich zu Tode. Den ganzen Tag musste ich in meinem Zimmer bleiben. Es gab nur sehr wenige Gelegenheiten, mal aus dem Heim stiften zu gehen. Aber ansonsten war ich mit meinen Aktionen sehr vorsichtig geworden. Noch einmal irgendwie aufzufallen, war mir jetzt zu heikel geworden.

Fahrt ins Unbekannte

Der Januar 1971 war erst wenige Tage alt. Die ersten wachen Morgenminuten des Tages lag ich noch recht gelangweilt in meinem Bett. Im Radio lief auf dem damaligen Soldatensender gerade von den Tremolos „Me and my live". Den Sender durften wir in einem sozialistischen Kinderheim natürlich nur heimlich hören. Von frühester Kindheit an waren unsere Sinne und unser Verstand darauf getrimmt, den Westen als unseren Feind wahrzunehmen. Als 13-Jähriger war die Verlockung, diese Verbote zu umgehen, eher ein spannendes Abenteuer, denn am wenigsten interessierte mich der sogenannte Klassenfeind...
Meine Zimmertür ging auf und drei Erzieher traten zu mir ins Zimmer. Einer teilte mir ziemlich teilnahmslos mit, dass sie mich jetzt in ein anderes Heim verlegen würden. Ich wurde aufgefordert, sofort aufzustehen, mich anzukleiden und meine Sachen zu packen.
Sie hatten mich ganz schön überrumpelt. Mit so etwas hatte ich wirklich nicht gerechnet. Irgendwie hatte ich in meiner Naivität

geglaubt, dass das alles nur vorrübergehend sei und ich lediglich in eine andere Schule strafversetzt werden würde. Damit hätte ich gut leben können, doch meine richtigen Irrtümer endeten immer etwas tragisch.
Nach knapp neun Monaten im Kinderheim hieß es wieder einmal: Sachen packen und fort!
Auf der einen Seite war ich darüber sehr verärgert. Andererseits war es aber auch irgendwie egal, wohin die Reise mit mir gehen würde. Ich hatte mich damit abgefunden.
Im Alltag des Kinderheimes hatte der Lebensrhythmus etwas Lethargisches, und ein Ersatz für das alte Zuhause kam in meinen Empfindungen nicht einen Moment für mich in Betracht. Es war eben alles irgendwie aus dem Ruder gelaufen, und was sie mit mir machten, konnte ich ohnehin nicht mitbestimmen. Dass die Ereignisse in der Schule ein verdammt übles Missverständnis waren, ließ sich absolut nicht klären und so musste ich mit dem leben, was da kommen sollte. Ich war in meiner naiven Widerspenstigkeit auch nicht in der Lage, mit mehr Einsicht an das Problem heranzugehen. In der Folge dieser Situation, die sich über Wochen hinzog, verharrten beide Seiten in einem Stellungskrieg mit gegenseitigem Schweigen. Keiner wollte mehr mit dem Anderen reden.
Also packte ich unter strenger Aufsicht der Erzieher meine wenigen Habseligkeiten ein und verließ die Stadt meiner Kindheit – Brandenburg – für immer.
Im Auto saß ich dann und schwankte mit meinen Gefühlen zwischen Wehmut, Wut und Trotz.
Es sollten fast 30 Jahre vergehen, bis ich meine alte Heimat wiedersehen würde. Ich fand aber nichts mehr von dem vor, wie ich es zu jener Zeit verlassen hatte.

Der Weg in den Abgrund

Durchgangsheim Potsdam

Wohin die Reise gehen sollte, verrieten mir die Begleiter natürlich nicht. Ohne die geringste Ahnung darüber und in den Vorstellungen eines Kindes nicht möglich sollte es ein recht gruslliger Ort werden!
In der Stadt Potsdam gab es eines der vielen sogenannten Durchgangsheime der DDR. Sie dienten als Zwischenlösung, wenn Jugendämter und alle möglichen anderen Organe, wie in meinem Fall nicht gleich wussten, wie und wo man diese speziellen Kinder unterbringt. Als ich dort aus dem Auto stieg, war ich total erschrocken und entsetzt, als ich durch eine Gittertür tretend, an den Armen festgehalten, eine enge Treppe hochgeführt wurde. Die nächste Tür wurde aufgeschlossen, und ich wurde ziemlich derb in einen weiß gekalkten Raum hineingestoßen. In körperlichen Auseinandersetzungen war ich nicht unbedingt ein Feigling. Ich war aber von dieser harten Gangart dermaßen eingeschüchtert, dass ich meine Wut und Aggressionsbereitschaft nur durch böse Blicke zum Ausdruck brachte. Meine Begleiter vom Kinderheim erledigten ohne viele Umschweife die Übergabeformalitäten und gingen fort.
Ich sah sie nie wieder.

Im Kinderzimmer der Hölle

Als ich nun diesen seltsamen Raum betrat, wurde ich ziemlich heftig angeschnauzt, dass ich mich in diesem Raum aufzuhalten hätte, ansonsten gäbe es hier nix weiter. Dann verließ der Mann den Raum, krachte die Tür zu und das war es. Es war ein Raum von knapp sechs mal sechs Metern Größe. In der Mitte stand ein großer runder Tisch, dessen Alter schon zu sehen war. An den Wänden des Raumes saßen mehrere Jungen mit kalten, leblosen Gesichtern. Sie sahen mich schweigend an. Sie saßen ohne Buch oder sich mit sonst etwas zu beschäftigen da. Ihr Schweigen war furchtbar und beängstigend zugleich. An den zwei Fenstern waren dicke Gitterstäbe, durch die kein Kopf passte. Natürlich dachte ich sofort daran abzuhauen. Ich ging nochmals zur Tür und wollte rausgehen, aber sie war abgeschlossen. Mir wurde sehr mulmig im Bauch.

Ich fasste mir ein Herz und fragte die Jungs, was das hier sei. Sie schauten mich eine Weile apathisch an, bis sich einer durchrang, mich aufzuklären. Es würde gleich ein Erzieher kommen und mich zu einem Gespräch holen, der mir dann alles zur Genüge erklären würde, was hier losgeht und warum. Dann schwieg er wieder und starrte wie irrsinnig vor sich hin. Auf weitere Fragen bekam ich von keinem der Jungen eine Antwort. So verging einige Zeit, vielleicht eine Stunde, bis ich von einem sogenannten Erzieher, so mussten wir sie auch hier nennen, geholt wurde. Mit einigem Getöse ließ er den Schlüssel ins Schloss krachen, riss die Tür förmlich auf, blieb demonstrativ in der Türrahmung stehen und brüllte mich geradezu an, dass ich mitzukommen hätte. Ich hatte eine sehr üble Angst und versuchte auf dem Weg zu seinem Dienstzimmer zu schauen, wie ich hier abhauen könnte. Aber da war nix zu machen. Alles war vergittert wie im Knast. Jede Tür, durch die wir gingen, war verschlossen. Ich begriff langsam: Das sah nicht gut für mich aus.

In seinem Dienstzimmer musste ich mich in der Mitte des Raumes auf einen Stuhl setzen. Dann ging er meine Daten durch und machte einige Aktennotizen.

Ich fasste mir ein Herz und wollte ihn fragen, was das hier solle und warum ich hier sei. Da schnauzte er mich gleich richtig an,

dass ich hier die Klappe zu halten hätte. Ich spürte, dass jedes weitere Wort nur Ärger gebracht hätte.
Als ob er gewusst hatte, was ich fragen wollte, ging er auch gleich zur Tagesordnung über. Als erstes wollte er wissen, ob ich noch persönliche Dinge bei mir hätte – die musste ich gleich auf den Tisch legen. Hier hätte niemand das Recht, etwas bei sich zu haben. Es sei denn, man bekäme einen Gegenstand zur Verfügung gestellt. Reden, Spielen, Lesen, aus dem Fenster sehen oder sonstige Aktivitäten seien in allen Räumen absolut untersagt. Jede Zuwiderhandlung würde man umgehend mit bis zu 21 Tagen Arrest sofort bestrafen.
Während meines Aufenthaltes hätte ich die Heimkleidung zu tragen. Auch hätte man den ganzen Tag auf dem Stuhl zu sitzen, nicht herumzulaufen und sich insgesamt absolut ruhig und unauffällig zu verhalten. Dies gelte solange, bis das Jugendamt Brandenburg entschieden hätte, in welchen Jugendwerkhof ich käme. Jeden körperlichen Widerstand würde man mit allen Mitteln brechen, und der Gedanke an Flucht sei in jedem Falle zwecklos. Die wenigen Versuche seien entsprechend hart bestraft worden. Daran zu denken sei auch für mich zwecklos.

Das Zimmer des Schweigens

Ich weiß nur, dass ich vor Wut und Entsetzen innerlich nur so kochte. Am liebsten wäre ich ihm an die Gurgel gesprungen. Aber ich konnte mich, mehr aus Angst, zusammenreißen. Diese Art Gleichgültigkeit in ein kaltes Herz verpackt, hatte ich zuvor bei einem Menschen so noch nicht erlebt. Ich merkte, wie ernst es ihm war, und wie schlimm es um mich stand. Damals begriff ich das Ausmaß dessen, was hier mit Kindern und Jugendlichen geschah, weil es mich plötzlich persönlich betraf. Die Dimen-

sion des Systems hatte vorher nicht in den Möglichkeiten meiner Betrachtung gelegen.
Nachdem er mich in alle Belange dieses Heimes eingewiesen hatte, ging er mit mir in den Keller. Dort befand sich die Kleiderkammer. Ich bekam in der Tat Lumpen als Tageskleidung. Dies mit dem Verweis darauf, dass man mich bei einer Flucht damit sofort erkennen würde. Ich bräuchte also wirklich nicht daran zu denken. Bei dem geringsten Versuch würden sie mich auch die ganze Zeit in den Arrest sperren können.
Er wusste genau, was in meinen Kopf vorging!
Nachdem ich meine Klamotten „abgefasst" hatte, ging es wieder in diesen unglückseligen Raum zurück. Er sperrte mich einfach rein und ging fort. Als die Tür zu war, schauten die Jungs zu mir, zuckten mit den Schultern, als wollten sie sagen: „Na, siehst du. Nun weißt du alles, was du wissen wolltest."
Noch stand ich ungläubig im Raum und konnte nicht fassen, was hier los war. Bis mir einer der Jungs mit Blick auf die Tür zu verstehen gab, dass wir durch einen Spion beobachtet werden, und es besser sei, wenn ich mich hinsetzen würde. Also nahm ich mir einen Stuhl, ging zur Wand, stellte den Stuhl ab und setzte mich hin.
So verbrachte ich hier vier absolut irre Monate im Sitzen, ohne dass wir miteinander redeten. Das Wenige, was wir uns zuflüsterten, hatte mit Reden nichts zu tun. Es gab auch wirklich nichts zu lesen. Auch Spielen war absolut verboten und großartig durch den Raum laufen, brachte so manch einem der Jungs mehrere Tage Arrest ein. Es gab kein Fernsehen, kein Radio. Es gab einfach nichts. Alles war verboten, und es wurde rigoros durchgesetzt. Auch im Schlafraum hatte absolute Ruhe zu herrschen. Ein übles, kleines, dreckiges Bad mit einem Gitter am Hinterhoffenster musste für die nötigste Reinigung ausreichen. Einmal die Woche gingen wir schweigend duschen.

Wer längere Zeit nicht aufgefallen war, durfte gelegentlich einmal in der Woche zwei Eimer Kartoffeln schälen. Dazu mussten die Jungs wegen der Messer in der Küche unter Aufsicht sitzen. Ich habe mich in meiner ganzen Wut nicht einmal dazu durchringen können, mich für diesen Einsatz gewillt zu zeigen. Also wurde ich auch nicht hinzugezogen. Ich dachte immer, die sollen ihren Dreck doch alleine machen.
Natürlich wurde vom Personal meine renitente Haltung sehr aufmerksam registriert, und bei den wenigen Momenten, in denen ich zu etwas aufgefordert wurde, herrschte ein entsprechend harter Ton.
Wer auf die Toilette gehen wollte, musste sich mit Klopfzeichen melden. Dann wurde man rausgeschlossen, bekam eine nörgelnde Bemerkung zu hören, weil man schon wieder auf das Klo müsse. Ob man denn nicht gerade erst war usw. Es wurde nichts ausgelassen, um diese Schikane auf das allerhöchste Niveau zu bringen. Im Schlafraum befand sich für die Notdurft ein gedeckelter Eimer. Wir wurden auch darüber belehrt, dass die Schlafräume zur Nacht grundsätzlich nicht geöffnet würden. Damit würden sie mehrheitliche Übergriffe Jugendlicher auf das Wachpersonal verhindern. Ich musste Gottseidank nie erfahren, was der Brandfall oder andere schlimme Ereignisse für unser Leben bedeutet hätten.
Dieser viermonatige Stumpfsinn zermürbte einen derart, dass man in einen unglaublichen apathischen Zustand verfiel. Besonders frustrierend war, dass keiner von uns wusste, wie lange er in diesem Durchgangsheim bleiben musste. Die Spanne erstreckte sich von Stunden bis Jahre. Und so mancher verbrachte wirklich bis zu zwei Jahre in diesem Heim.
Tragisch war auch einfach der Umstand, dass wir uns solange gegenübersaßen, nichts voneinander wussten und dann einfach auseinandergingen. Der, der bleiben musste, wusste aber

auch nicht so richtig, ob der, der geht, an dem Ort, wo er ankommen würde, dort auch glücklicher sein würde als hier.
Es war wohl eine Charakterfrage, wieviel Mitgefühl man mit dem anderen hatte. Ich sah einige Jungs, die waren sich selber so scheißegal, dass es einem das Herz zuschnürte. Andere zwinkerten sich zu, und ich hätte mit ihnen wahrscheinlich einen Mob für die Fussel am Mund gebraucht, wenn ich nur mit ihnen hätte reden können. Manch einer gab ein kurzes Handzeichen beim Gehen. Dann war ich auch abgrundtief traurig. Aber es hat mich auch ein wenig getröstet. Andere verließen den Raum, wenn sie an der Reihe waren und drehten sich nicht um. Sie gingen vielleicht auch nur deshalb so fort, weil sie in diesem Irrsinn der DDR-Durchgangsheime ihre guten Sinne verloren hatten. Obwohl ich am Ende selber auch in einem sehr üblen Gesamtzustand war, taten mir manche sehr leid. Ich sah, wie sie nicht zurechtkamen und geradezu seelisch verfielen. Da konnte keiner schadlos bleiben. Einen Jungen, der dann völlig ausrastete, der aus heiterem Himmel von seinem Stuhl aufsprang, wie wild gegen die Tür trat und die übelsten Schimpfwörter brüllte, sahen wir nicht wieder.
Auch diese Art Abschied gehörte hier zu unserem Alltag.
Für mich sollte es eine Zeit von vier Monaten werden. Ende April 1971 flog eines Tages die Tür wie immer auf. Immer wenn es in der Vormittagszeit war, wussten wir, dass jemand geht – meistens. Nun, diesmal fiel mein Name! Ich warf allen Jungs einen geraden Blick zu. Sollte heißen, macht's gut und haltet durch. Meine Zeit war angebrochen, in den Jugendwerkhof gebracht zu werden. Aus tiefstem Herzen hasste ich dieses Personal vom Durchgangsheim und würdigte sie nicht eines Blickes beim Gehen. Es gab sie in der DDR, diese über alles herzlose Lumpen, die bereit waren, einen solchen Dienst zu leisten, in dem man sich derart an Kindern und Jugendlichen verging.

Jugendwerkhof Hummelshain

Der Weckruf

Es ist Mittwoch, ein kalter Wintermorgen. Der Tag erwacht in dem kleinen Dorf Hummelshain. Von einer wunderschönen Thüringer Landschaft umgeben, befindet sich hier der Jugendwerkhof „Ehre der Arbeit".

Von den über 30 Jugendwerkhöfen der DDR wussten die Menschen nur so viel, wie die betroffenen Jugendlichen darüber berichteten. Für die allgemeine Öffentlichkeit gab es zu jener Zeit über die Jugendwerkhöfe und das, was dort stattfand, einfach keine Informationen. Nach der Entlassung waren es oftmals die Vorgesetzten der Arbeitsstelle, denen auf seltsame Weise bekannt war, dass man im Jugendwerkhof gewesen war. Und besonders, wenn man im Jugendwerkhof Torgau war.

So stand man auch in seinem Arbeitsumfeld unter besonderer Beobachtung und war den Vorurteilen und den oftmals nicht wenigen Anfeindungen der Kollegen ausgesetzt. Auch ohne irgendwelchen Unsinn zu verzapfen, war es für manchen Kollegen ein leichtes, einem das Leben schwer zu machen. Denn in erster Linie war ein ehemaliger Jugendwerkhöfling ein latenter Staatsfeind.

Sich in einem Kollektiv unterzuordnen, war nicht die Frage. Die Schwierigkeit im Leben nach dem Jugendwerkhof bestand vor allem darin, wie intensiv man bereit war, sich ideologisch im Arbeitskollektiv zu integrieren. Dabei war es ohne jegliche Bedeutung, wie ordentlich man seine Arbeit erledigte.

Wie ein Spinnennetz über das ganze Land gewoben, dienten diese Jugendwerkhöfe nur dem einen Ziel: der Umerziehung junger Menschen. In erster Linie betraf es verhaltensauffällige Jugendliche, in deren Biographien sich oftmals zerrüttete Fami-

lienverhältnisse widerspiegelten. Vor allem aber betraf es jene, deren Verhalten und Lebenseinstellung nicht den Idealen der sozialistischen Gesellschaft entsprachen.
Der Schein einer staatstreuen Jugend war eine wichtige, dem Bürger vorgegaukelte Illusion. Fast im Verborgenen agierend, versuchte man in diesen Jugendwerkhöfen, ein Problem zu lösen, das man in der breiten Öffentlichkeit gern leugnete. Eine teilweise recht finstere Pädagogik und das dort herrschende rigide Regime der absoluten Unterordnung wären auch manch staatstreuem Bürger kaum vermittelbar gewesen.
Kurz nach meiner Ankunft hielt zum bevorstehenden Weihnachtsfest die Geruhsamkeit der Weihnachtsferien Einzug in den Jugendwerkhofalltag. In den Schulräumen der Baracken kehrte Stille ein, und alle Arbeit ruhte.
In manchen Dingen war es aber eine trügerische Ruhe. Denn die Regeln zur Umerziehung der Jugendlichen, um aus ihnen bessere Menschen für die Gesellschaft des sozialistischen Systems zu machen, verloren auch in den Ferien nicht ihre Gültigkeit. Wie gewohnt begann auch dieser Tag mit dem schauderhaft lauten Weckruf: „Jugendliche, Nachtruhe beenden".
So unmissverständlich aus dem Schlaf gerissen, war an ein Weiterschlafen für niemanden mehr zu denken. Das Bemühen, dem Tag mit einer freundlichen Gesinnung zu begegnen, gehörte nicht zum pädagogischen Handwerk der Erzieher. Das wäre denn wohl zu einfach gewesen. Wir bekamen schon am frühen Morgen von denen das Fürchten gelehrt, denen wir unsere Gesinnung widmen sollten.
Bei den vier Schlafzimmertüren auf unserem Gang, die der Erzieher hätte öffnen müssen, hätte er höchstens eine Minute länger gebraucht, um uns mit einer zugeneigten Geste zu wecken. Mir und jedem anderen Jugendlichen wäre es aber auch ungleich schwerer gefallen, sich einer freundlichen Gesinnung am

Morgen mit Murren und Meckern zu entziehen.
Dieser schroffe, im militärischem Drill geführte Umgangston, mit dem uns sozusagen allmorgendlich die Augen geöffnet wurden, verlor im fortwährenden Gebrauch seine einschüchternde Wirkung. Bestenfalls wurde so der Nährboden unserer Widerwilligkeit tagtäglich frisch aufbereitet.

Träume hinter Zäunen

Die Alternative, in den Ferien auch mal im Bett liegen bleiben zu können, gab es hier grundsätzlich nicht. Also hieß es auch an diesem Morgen für mich und alle anderen, raus aus den Federn. Ich rieb mir, noch nicht wirklich wach, erst einmal die Augen und schob die wärmende Bettdecke zur Seite. Gemächlich meine Glieder in die Länge reckend, stieg ich langsam aus dem Bett und blieb noch für einige Augenblicke auf dem Bettrand sitzen. Gähnend und noch halb verschlafen, verweigerten sich die letzten Bilder des Traumes meiner Erinnerung. Es brauchte seine Zeit, bis mich der Tag mit meiner Lustlosigkeit und mit dem Rest meiner Sinne in seinen Besitz nehmen konnte.
Mit einigem Widerwillen stand ich auf und öffnete zum dringend notwendigen Durchlüften zuerst einmal ein Fenster. Das Gemecker der Jungen war natürlich immer riesengroß, denn die Jungs froren! Die klirrend kalte Luft sorgte an so manchem Wintermorgen für ein klein wenig Theater. Der uns bevorstehende Stumpfsinn unseres Alltags begrenzte zwar das Niveau unserer Lebensdynamik schon am frühen Morgen, aber Meckern ging eben immer. Ihr Rumgemotzte war mir aber herzlich egal. Ich war ohnehin nicht der Typ, mit dem sich die Jungs gern und lange herumzankten. Also gab es für jeden eine volle Tüte Sauerstoff und kurze Momente später kümmerte sich wieder je-

der um seinen eigenen Kram. So konnte ich meine Blicke in aller Ruhe aus dem Fenster schweifen lassen. Der zauberhafte Anblick dieser wunderschönen Landschaft zog mich jeden Morgen in seinen Bann. Über die Baumwipfel hinweg in die Ferne blickend, verflüchtigte sich schnell die Enge des Raumes. Der schweifende Blick in die Ferne ließ mich immer in Sphären flüchten, die für mich lange eine fremde, fast unerreichbare Welt bedeuteten.

Mit der Leichtigkeit des Schwebens bedeckte in der Stille der Nacht der neu gefallene Schnee das vom Wald umrahmte Feld. Die Bäume schienen mit ihren tief zur Erde gesenkten Ästen fast demütig und ächzend, ihre neue weiße und schwere Last zu tragen. Mit gleißendem Licht am Horizont schob sich die winterliche Morgensonne in den Tag. Meine Augen blendend, durchflutete ihr Strahlen den Schlafraum und vergoldete für die Zeit ihres morgendlichen Aufganges die veralteten Wandfarben unseres Zimmers. Kein stinkender Fabrikschornstein und kein Krach donnernder Motoren trübten diesen wunderschönen, unvergesslichen Anblick. Der Morgenstille, von der ich mich so liebend gern einfangen ließ, fehlte aber der Klang schöner Musik. Das verbotene Radio ersetzte ich mit Melodien, die meiner ausschweifenden Fantasie entsprangen. Manchmal schaffte sie es, mich mit einer imaginären Reise, auf dem Rand einer Wolke sitzend, in das Land Irgendwo zu entführen. Das Summen meiner Melodien wollte hier keiner unbedingt hören.

Drei Jahrzehnte sollten vergehen, bis aus den Träumen meiner musikalischen Fantasie Wirklichkeit werden sollte. Ein Song meiner heutigen kleinen Band hat etwas mit diesen Bildern aus der Vergangenheit zu tun. Es gehört zu den kleinen Wundern meines Lebens, meine damals recht närrische Idee einer eigenen Band letztendlich doch noch erfüllt zu haben.

Steine und Asphalt

Steine am Weg,
du trittst einfach hin,
sie liegen da,
dein Lauf ist ihr Sinn.
Äste am Baum,
sie streifen dein Haar,
mal'n Bilder am Himmel,
du nimmst die nicht wahr.

Die Sonne malt Schatten,
du schützt dein Gesicht,
dich jagen Gedanken,
grell ist das Licht.
Du möchtest gern fliegen
und finden den Ort,
dein Weg hat nie Kurven,
Du gehst grade fort.

Der Asphalt der Straßen
verändert den Sinn,
die Bilder sind schneller,
Gefühle dahin.
Der Wind wird zum Sturm.
Wer sich gegen ihn dreht,
der einfache Schritt
kommt heute zu spät.

Man fliegt durch die Lüfte,
der Blick geht nach vorn,
ein Sturm durch das Land – verweht ist das Korn.

Für Träumereien dieser Art, denen ich mit meiner kleinen Künstlerseele so gern nachhing, blieb mir hier aber nicht viel Zeit. Die Jungs holten mich immer schnell von meiner Wolke herunter. Der Takt ihrer Musik war morgendliches Getöse, gespielt in der dumpfen Enge unseres Jugendwerkhofalltages.
Losgelöst von dem Druck des Heimwehs nach Hause, lag das Reich meiner Träume in einer ungebundenen Ferne. Ich hatte emotionale Freiheiten, die ihre familiären Bindungen verhinderten und die sie leiden ließen, wo ich träumen konnte. Mein Unglück beschränkte sich auf den Ort, an dem auf sie noch die Bürde des Heimwehs lastete.
Mit meinen fixen Ideen war ich für die Jungs natürlich ein großer Spinner. Mit dem Status eines Narren, dem nicht zu helfen war, lebte ich in den rauen Gefilden des Jugendwerkhofes in der Komfortzone eines Sonderlings. Meine physische Wehrhaftigkeit begrenzte allerdings ihre Albernheiten mir gegenüber. Ihr schelmisches Grinsen und mein Schulterzucken waren eine Art friedlicher Kompromiss.

Kopflose Ordnung

Waschen, Betten bauen und Zimmer aufräumen war hier unser allmorgendlicher Rhythmus. Dem äußeren Glanz der grauen Fassaden des Hauses wurde die innere Ordnung der Räumlichkeiten hinzugefügt. Der vom Erzieher als Zimmerältester eingesetzte Jugendliche legte fest, welcher Jugendliche welche Aufgaben zu erledigen hatte. Die Kreativität unaufgeräumter Zimmer junger Menschen hatte an diesem Ort absolut keinen Platz.
Die Zimmer- und Hausordnung war ein straff regulierter Ablauf, dessen Einhaltung der diensthabende Erzieher akribisch und mit aller Strenge kontrollierte. Am Ende seines Zimmerdurchganges mussten wir auf dem Gang antreten und durchzählen, und es erfolgte eine Bewertung mit Noten. Mit dieser Einschätzung fand man sich dann eine Woche lang namentlich an der Wandtafel erwähnt wieder.
Mein Sinn und meine Einsicht für Ordnung und Sauberkeit waren durchschnittlich ausgeprägt. In diesen Dingen lebte ich mit dem Desinteresse eines zur Ordnung nicht erzogenen Jungen. Die Beliebigkeit der Einschätzung des Erziehers, ob der geputzte Flur eine Eins oder eine Zwei Plus verdient hatte, konnte sich mir nie ganz erschließen. Hinzu kam, dass mir, beginnend mit den Socken, Schlüpfern und Taschentüchern, mir nicht einmal das Hemd auf dem Leib gehörte und sich auch keinerlei andere Dinge in meinem persönlichen Besitz befanden. Insofern waren mir die Zustände von Haus und Zimmer auch herzlich egal. Die Kontrolle meines Reinigungsreviers führten die Erzieher immer mit einer gewissen Verdrießlichkeit aus. Ihrer Erwartung, mich mit Eifer jeden Morgen in einen Putzwettbewerb zu stürzen, lag mir fern. Ich erledigte die Dinge so, wie sie nach meiner Ansicht in Ordnung waren. Es war ein müßiges Bemühen von ihnen, mir, natürlich mit dem Unterton einer versteck-

ten Drohung, zu erklären, dass ich und die anderen Jungen in diesen Räumen lebten, denn so hätten wir ihnen und auch der Gruppe gegenüber eine Verpflichtung.
Meine ständige Erwiderung, den Ort gern und gleich zu verlassen, war für sie nur Beleg meiner Aufsässigkeit, anmaßenden Verhaltens und arroganter Überheblichkeit. So wenig, wie ihre Einschätzung zum Kern der Dinge vordrang, desto mehr war ich den Folgen ihrer Betrachtungsweise ausgeliefert.
Im Verharren beider Seiten auf ihrer Sicht der Dinge bedurfte es keiner anderen Begebenheiten, mir regelmäßig ihren Unmut zuzuziehen. Es passte nicht in ihre Vorstellung, dass es hier im Jugendwerkhof für mich kein erstrebenswertes Lebensziel gab, außer der Tatsache, dass ich eines Tages, spätestens mit 18 Jahren, irgendwohin entlassen würde. Ich war der denkbar schlechteste Diener ihrer Anweisungen, Anordnungen und Aufforderungen.
Und ich brauchte und hatte sie, meine Vagabundenseele!
Den Frieden, den ich mit ihr hatte, war ihr großes Problem, denn ihren Frieden wollte ich nicht!
Mit meiner Situation lebte ich in einem Kokon, der für sie nicht durchdringbar war. Für mich war es völlig bedeutungslos, was um mich herum passierte, solange sie mich in Ruhe ließen. Mein Leben wurde durch ihr Lob oder ihren Tadel nicht besser. Ich wollte von ihnen nichts haben und habe sie auch nie nach etwas gefragt. Selbst wenn ich es anders gewollt hätte, ihre Belobigungen für geputzte Flure und Zimmer wirkten auf mich einfach nur lächerlich und kaum motivierend.
Zu guter Letzt bekamen Lob und Tadel für Reinigungsarbeiten am frühen Morgen auch noch eine seltsame politische Dimension. Mein fehlendes Verständnis, warum nicht ausreichend geputzte Zimmer der Ausdruck einer schlechten Einstellung zum Klassenkampf sein sollten, war selbst für eingefleischte Ideolo-

gen schwierig nachvollziehbar darzustellen. Mich diesem Kontext verweigernd oder gar kritisch zu hinterfragen, hatte aus ihrer Sichtweise immer den Beigeschmack des Provozierenden und Renitenten. So bekamen die Schmuddeligkeiten von Dingen und Körpern im Kopf bei der Umerziehung ihren spezifischen (Un-) Sinn.

Frei von jeglicher politischer Gesinnung empfand ich es immer als einen albernen Versuch, in meinen Kopf einzudringen. Aber diese Kopfkontrollen bestimmten in allen Strukturen unseres Daseins unseren Lebensrhythmus – dirigiert von einer ganzen Schar straff organisierter Funktionsträger ihrer FDJ.

Jede Gruppe im Jugendwerkhof, bestehend aus 15 bis 20 Jugendlichen, hatte einen sogenannten FDJ-Gruppenrat. Dieser setzte sich aus vier führenden Funktionsträgern zusammen: dem FDJ-Gruppenratsvorsitzenden, seinem Stellvertreter, dem Funktionär für Agitation und Propaganda und dem Kulturfunktionär. Sie waren gegen jeden Jugendlichen der Gruppe weisungsberechtigt. Wer ihnen nicht Folge leistete, musste in jedem Fall mit einer Bestrafung rechnen. Die FDJ-Gruppenratsvorsitzenden waren noch zusätzlich übergeordnet im FDJ-Rat des Jugendwerkhofes organisiert.

Da ich schon zu meiner normalen Schulzeit aufgrund meines Verhaltens kein Mitglied der FDJ werden durfte, stand ich immer im besonderen Fokus ihrer Bemühungen zur Umerziehung. Meine Ungebundenheit und mein gänzlich politisches Desinteresse bereiteten ihnen große Schwierigkeiten, mich in ihren politischen Alltag zu integrieren. Meine anfängliche, unbewusste politische Gleichgültigkeit entzog ihnen jede Möglichkeit, gegen mich im Sinne von Widerstand gegen ihre Sache vorzugehen. Mit ihrer zunehmenden Gängelei wurde mir diese Rolle aber immer klarer und für sie noch aussichtsloser, mich jemals in ihrem Sinne einzufangen. Da konnte ich auch auf keine pädagogisch vorteilhafte Einschätzung hoffen – ein Kollateralschaden meiner ideologischen Freiheit, der nicht ohne schlimme Folgen bleiben sollte.

Nun, der Tag war angebrochen und es war nicht ganz klar, was er mir bescheren würde. Zwei Tage vor Weihnachten dominierte Langeweile unser Befinden. Jugendliche wie ich, die kein Zuhause hatten, mussten die Feiertage und ihre Ferien im Jugendwerkhof verbringen. Wer sich nichts zu Schulden kommen ließ und sich ordentlich führte, konnte während dieser Zeit natürlich nach Hause fahren. Doch zurück blieb ein Gemisch von Jugendlichen, die aus den verschiedensten Gründen von diesen Privilegien nicht profitieren konnten. Sei es nun, dass sie Waisen waren, oder ihr Elternhaus problematisch war, oder dass sie aus Strafgründen bleiben mussten. Da gab es eine Reihe von Gründen, über die auch so mancher nicht unbedingt die Wahrheit sagte. Bei dieser Gemengelage war es nicht unbedingt zu erwarten, dass wir diese Zeit miteinander jubilierend verlebten. Da es Eigenaktivitäten zur Freizeitgestaltung grundsätzlich nicht gab und alles davon abhing, was die Erzieher anordneten, prägte eine mäßige bis zuweilen recht dumpfe Stimmung diese Tage, die sich dank dieser Langenweile auch in eine endlose Länge zogen.

Es waren solche Tage, an denen die Zeit scheinbar einen Pakt mit dem Teufel geschlossen hatte. Er stiehlt dir die Zeit, wenn du sie dringend brauchst, und er schlägt sie dir dann um die Ohren, wenn du sie zum Teufel selbst jagen willst.

Nachdem Zimmer und Schränke endlich aufgeräumt waren und von der erzieherischen Kontrolle für „In Ordnung“ befunden wurden, verblieb noch einige Zeit bis zum Frühstück. Manche Jungen zankten sich bereits am frühen Morgen um irgendwelchen Kleinkram. Andere rannten auf dem Flur herum, und mancher ging heimlich noch eine schnelle Kippe rauchen.

Jeder vertrieb sich bis zum Frühstück irgendwie die Zeit.
Die Tagesmahlzeiten wurden von allen Jugendlichen im großen Speisesaal des alten Jagdschlosses gemeinsam eingenommen.
Das Jagdschloss Hummelshain war, kulturell betrachtet, sicher ein wertvolles Gebäude. Es in der Funktion als Teil eines Jugendwerkhofes nutzbar gemacht zu haben, in dem auch die Mädels untergebracht waren, war ein bemerkenswerter Missbrauch von Kulturgut.

Fluchtillusionen der Körper und Gedanken

Bis es nun endlich soweit war, frühstücken zu gehen, schaute ich noch ein Weilchen zum Fenster hinaus und betrachtete die fast idyllische Landschaft.
Und verdammt, es war ja nur ein einfacher, alter Zaun vor dem Haus, der unseren Lebensraum abrupt von dieser herrlichen Landschaft durchtrennte.
Es war natürlich beileibe kein Zaun, der Eindringlinge abhalten sollte oder es gar gekonnt hätte.
Der Zaun galt nur uns Jugendlichen!
Es war für uns eine Grenze, die ihre Wirkung im strengstens vorgegebenen Reglement des Jugendwerkhofes entfaltete. Von drinnen nach draußen durfte diese Grenze keiner ungestraft überschreiten. Genauso wie das Betreten des Jugendwerkhofgeländes für Unbefugte natürlich streng untersagt war.
Wie ein festgezurrter Gurt legte sich dieser einfache Holzzaun des Jugendwerkhofes um mein Leben.
Das umzäunte Gelände schuf das Gefühl für einen Lebensraum, als wollten die selbst Bäume und Sträucher einsperren und auch sie umerziehen.
Aber die Natur folgt anderen Gesetzen!

Die Flucht der Pflanzen heißt sterben, wenn man ihren Lebensraum zerstört. Unsere Gedanken an Flucht waren immer eine kurze Illusion, deren Ende jeder kannte. Klar und bewusst war jedem Jugendlichen, dass ein riesiger Polizeiapparat augenblicklich in Bewegung gesetzt wurde, wenn er als „Ausreißer" einen Fluchtversuch aus dem Jugendwerkhof unternahm. Die fast harmlos klingende Formulierung „Entweichen" war der dafür amtliche Sprachgebrauch.

Grenzen

Das Wort und das Schweigen,
der Zaun und die Mauer
errichten die Grenze,
die zur Sehnsucht wird
und Widerstand.
Die Kraft der Einsicht
ist die Freiheit,
dem Gesetz zu folgen.

Und jedem war natürlich auch die Endlichkeit der Flucht innerhalb der DDR klar. Die Illusion einer Flucht hatte einen kleinen Zaun vor Ort und eine nicht allzu ferne, große Mauer als das Ende aller möglichen Wege.
Gedanken an einen Fluchtversuch waren trotzdem ständige Begleiter unseres Alltages. Kein Jugendlicher war so böse, dass er nicht auch die Sehnsucht nach dem hatte, woher er kam und wohin er lange Zeit nicht durfte: nach Hause. Dafür kann man wahrlich keinen Menschen verurteilen, was diese Umerzieher aber in jedem Fall und besonders gnadenlos taten.

Die übergroße Zahl aller Fluchtversuche unternahmen die Jugendlichen, um nach Hause zu gelangen. Dort wurden sie in der Regel von der Polizei auch festgenommen und umgehend in den Jugendwerkhof „zurückgeführt". Das wussten auch alle schon vor der Flucht, aber davon abhalten konnte sie nichts.
Von der Polizei in der Regel in den Jugendwerkhof zurückgeführt, wurde der Jugendliche im großen Speisesaal vor allen anderen Jugendlichen öffentlich mit markigen Worten gebrandmarkt und mit entsprechenden Strafen belegt.
Diesen Auftritt ließ sich der damalige Heimleiter höchst persönlich in den seltensten Fällen entgehen. Seine Person war die Gewichtung und das dicke, rote Ausrufezeichen für seine pädagogische Demontage des betreffenden Fluchttäters. Auch wenn, wie in den meisten Fällen, die Absicht der Flucht das Heimweh nach Hause die Flucht begründet hatte, wurde dies generell als ein schwerwiegendes kriminelles Vergehen bewertet und dementsprechend hart bestraft. Ich kenne keinen, dem dieser gedankliche Irrsinn verständlich zu vermitteln war.
Ich befand mich mehr oder weniger in der vorteilhaften Situation, niemanden mehr zu haben, zu dem ich mich sozusagen auf die Flucht hätte begeben können. Das Gefühl für Heimweh spielte in meinem Leben keine Rolle mehr. Die Zwänge familiärer Bindungen bedeuteten für die anderen ein Drucklevel, das für mich mit meiner Freiheit der Ungebundenheit keinerlei Bedeutung mehr hatte. In dieser Hinsicht im emotionsfreien Raum lebend, blieben mir diese abstrusen Beschimpfungen und alles folgende Ungemach des damaligen Heimleiters erspart. Ich brauchte eher für das Leben danach irgendwann eine neue Idee, was ich mit und auf dieser Welt überhaupt tun solle.
Die in der Regel für den Entwichenen ausgesprochene „strenge Rüge" war eine sehr harte Strafmaßnahme. Mit ihr verknüpften sich eine Reihe wesentlicher Einschränkungen. Beginnend da-

mit, dass der Betreffende die nächsten Ferien mit Sicherheit im Jugendwerkhof verbrachte und seine gesamte Teilhabe an vielen Dingen des Alltags drastisch limitiert wurde. Da konnte man für Monate ein recht einsames Dasein fristen. Die Wirkung einer solchen Strafe befand sich natürlich immer in Abhängigkeit dazu, wie der Betreffende in die Vorteile des Systems integriert gewesen war.

Von den Erziehern mit allergrößtem Argwohn beobachtet, unterbanden sie auch jede Hilfeleistung für den Bestraften durch uns. Solidarität war ein auf ihre Ideologie mutiertes Substrat reduziert. Diese Inanspruchnahme von Werten brachte im Alltag für jeden von uns viele schwierige Konfliktsituationen mit sich. Für uns war es allerdings ein unausgesprochener Konsens, dass ein Fluchtversuch aus dem Jugendwerkhof kein ehrenrühriges Verhalten war. Das Ansehen untereinander konnte durch einen Fluchtversuch keinen Schaden nehmen.

Dafür gab es wahrlich andere Dinge und Geschehnisse.

Hier begriff ich, dass die Erzieher die Ursachen für die Flucht der Jugendlichen von diesem Ort nur in der Schuld der Jugendlichen selbst suchten. Ihnen selbst fehlte jede Idee und Einsicht zu verstehen, dass ihr System nicht funktionierte. Die Sehnsucht junger Menschen nach ihrem Zuhause ideologisch zu kriminalisieren, war nichts anderes, als ein intellektueller Plattfuß und pädagogischer Schwachsinn.

Mein damaliges Bauchdenken warf die Fragen auf, warum diese Erzieher immer wieder versuchten, uns Jugendliche zu brandmarken, und sie zugleich der Idee verhaftet waren, dass wir ihrer Gesinnung folgen würden. Sie hielten uns eingesperrt und verlangten Gehorsam – mit oder ohne Einsicht. Wir waren, oder sie machten uns, 24 Stunden an 365 Tagen zwangsläufig zu ihren Gesinnungsfeinden.

Natürlich war die Bestrafung eines von der Flucht durch die Polizei zurückgeführten Jugendlichen ein wichtiges öffentliches Ereignis. Es war ihre Plattform, uns ihre Drohungen in aller Deutlichkeit vermitteln zu können: Wir kriegen euch alle!

Es bedurfte vieler hässlicher Maßnahmen, dieses „Entweichen" aus dem Jugendwerkhof unter Kontrolle zu halten und es auf ein überschau- und beherrschbares Maß zu reduzieren. Der Begriff „Freiheit" verlor hier seine idyllische Jungfräulichkeit jugendlichen Aufbegehrens. Er bekam hier eine neue, sehr konkrete Bedeutung. Denken und Fühlen bekam eine neue Dimension, für die man als junger Mensch noch nicht bereit war. Es gab keinen Spaß mehr, wenn die Anpassungszeit in die Lebensregeln eines Jugendwerkhofes und dessen System zur Umerziehung zu kurz war.

Mein Charakter war für diese Art zu funktionieren alles andere als geeignet. In einer Clique konnte ich mit der Stellung, die ich in ihr innehatte, gut umgehen. In einer Gruppe, die wie hier im Jugendwerkhof als Gemeinschaft nach straff geordneten Regeln und angepasst leben sollte, hatte ich nur das Bedürfnis auszubrechen. Da gab es nichts, was einer suchenden Seele Hingezogenheit vermittelte.

Dieses fremdbestimmte Leben hatte mit meinem Wesen nichts zu tun. Mein Leben davor wurde hier auf eigenartige Weise ausgelöscht, und mein Leben danach blieb in seiner nebulösen Ferne unbestimmt. Was ich dachte, fühlte und tat, unterlag in seiner Bedeutung ihrem Ermessen. Etwas zu wollen, wurde vom uniformierten Gleichschritt ihrer Gedanken und Regeln bestimmt. Die Jugend verlor hier ihre Heiterkeit des Seins durch eine umzäunte Gegenwart.

Anderssein und Fehler begehen waren nicht mehr das Privileg jugendlichen Irrens – alles unterlag den Normen verweigerter Selbstverwirklichung und fremdbestimmter Entwicklung. Heucheln und Lügen wurden zu einem wichtigen Handwerkzeug

der Überlebenskunst, wenn es darum ging, Vorteile zu erringen oder Nachteile zu vermeiden. Keiner wollte wissen, wer du wirklich bist, wenn du nicht der warst, der du sein solltest.
Jeder Morgen im Jugendwerkhof machte das eigene Ich zu einem Fremden in sich selbst. Hier lernten sich junge Menschen auf andere Weise kennen. Es war der Zwang der Begegnung, von irgendeinem Jugendamt festgelegt – für achtzehn Monate.

Die Exekutive der Wölfe

Der Jugendwerkhof führte mit dem Umerziehungszwang und dem Konglomerat der Machthierarchien jeden Jugendlichen in die Grenzbereiche seiner seelischen Befindlichkeiten. Sich täglich durchzukämpfen, brauchte manchen stillen Moment, um seine Wunden lecken zu können.
Die Zeit zur Besinnung war kurz, um sein Dasein an diesem Ort klar zu definieren und um dem vielschichtigen Druck eigene Denk- und Verhaltensstrategien entgegenstellen zu können.
Es war wie Bergsteigen im Flachland.
Die bestehenden Hierarchien der Jugendlichen untereinander bestimmten deine Stellung in der Rangordnung. In erster Linie dadurch reguliert, wie du physisch in der Lage warst, dich selbst gegen alle anderen zu behaupten. Da schützte keiner den Schwachen vor dem Druck der Starken. Wenn am Abend die Lichter ausgingen, gab es keinen verantwortlichen Erzieher, der deinen Körper und deine Seele schützte.
Im Alltag musste man sich immer und zu jeder Zeit sehr genau überlegen, wovor man sich mehr fürchtete: Vor dem System zur Umerziehung zu einer sozialistischen Persönlichkeit oder dem Mikrokosmos latenter jugendlicher Gewaltbereitschaft. Es waren nicht wenige, die zur Aufrechterhaltung ihrer versteckten

Machtverhältnisse untereinander die Sensibilität verachteten, die sie von anderen für sich selbst forderten. Sehr wohl wissend, dass so manch einer nicht im Jugendwerkhof war, weil er im Laden nur einen Blumentopf umgeworfen hatte.
Schwäche und Ängstlichkeit hatten keinen Platz, wenn man einem vertrottelten Duckmäusertum entgehen wollte. Es ist ein grober Unsinn zu behaupten oder einen glauben zu machen, dass man junge Menschen unter solchen Verhältnissen in einer Gruppe erziehen könne.
Im Jugendwerkhof war niemand einsam, weil er allein war. Allein sein schützte vor der Einsamkeit, niemandem vertrauen zu können! An wen hätte ich mich im Vertrauen auch wenden können? Sollte ich einem Erzieher vertrauen, der seine nicht erfüllten Forderungen ständig mit Strafen sanktionierte, um mich umzuerziehen? Und zu guter Letzt war ein Jugendlicher, der jemand anderen aus primitiven Gründen „eins auf die Fresse hauen wollte" auch nicht gerade der, dem ich vertraute.
Ich vertraute einzig und allein darauf, mich physisch wehren zu können. Diese Drohung wirkte stärker, als ihre Ausführung.
Im Alleinsein konnte ich meinen Glauben an eine ferne Zeit bewahren, in der ich das und wer ich war, nicht in Frage stellen lassen musste. Denn was immer sie über dich wussten oder was ihrer Verfügungsgewalt ausgesetzt war, das wollten sie auch zerstören, wenn es nicht ihrem Sinn entsprach.
Die der Einsamkeit innewohnende Resignation hatte es gegen meinen Selbstbehauptungswillen immer schwer – auch wenn es nicht immer leicht war!
In einem Wertesystem, in dem Egoismus, der tägliche Kampf um Privilegien und Ideologie den Alltag bestimmten, konnten nur Narren dem Leben mit Vertrauen begegnen, das die Heuchler gern für sich benutzen.

Schattenlichter

Bei manch einem Lump hatte das Gefühl für Unrecht, das er selbst zu erdulden hatte und weinerlich beklagte, fast inflationären Charakter. Aber das hinderte ihn nicht daran, sich diesen Tribut von anderen Schwächeren auf dieselbe Art und Weise zurückzuholen. Emotionen hatten hier den gefrorenen Zustand von Eiszapfen – sie konnten einen auf jeder Straßenseite erschlagen. Diesem Mechanismus jugendlicher Hierarchien hatten die Erzieher wenig Sinnvolles entgegenzusetzen. Er funktionierte hinter ihrem Rücken immer und meistens perfekt. Wer gedemütigt, schikaniert oder verprügelt werden sollte, hatte keine Chance, dem zu entkommen. Es war ein böses Wechselspiel, in dem Opfer genauso zu Tätern wurden, wie andersherum auch Täter zu Opfern wurden.

Empfindsamkeit junger Menschen drückte sich hier vor allem durch eigenes Verletztsein aus. Weniger sensibel war man im Verletzen des anderen. Da bestimmten Eigennutz und auch schikanöse Böswilligkeit die Umgangsregeln. In einem Jugendwerkhof, der als Sammelbecken für verhaltensauffällige Jugendliche zur Umerziehung diente, und in dem Gruppen von 15 bis 20 Jungen lebten, bestimmten raue Regeln den Umgang. Komfortzonen für Schwache, um sich zu verstecken, gab es da keine. Sich ducken, anpassen oder stark sein waren ein 24-Stunden präsentes, bestimmendes Gesetz des Alltages. Diesen fein justierten Grobheiten konnte sich keiner entziehen!

Der Alltagsrhythmus des Erziehens bestand aus festgelegten Abläufen, Meldungen, Abmeldungen, Anmeldungen, Anweisungen, Zurechtweisungen, Interessenbestimmung, Verboten, Appellen, Belobigungen, Bestrafungen, Gunstentzug, Besitzeinschränkungen, Verweisen, Tadeln, strengen Rügen, Gruppenessen und Gruppenversammlungen – frei von sinnvollen Ideen, unser bis dahin an manchen Stellen gestraucheltes Leben neu gestalten zu wollen, wenngleich natürlich der ideologisch angepasste Jugendliche immer seine Vorteile hatte. Da hatte auch die Duldung von Fehlverhalten im pädagogischen System ein geändertes Niveau. Der Missbrauch von Werten, die für alle gleich sein sollten, hatte hier den Anpassungscharakter eines Oktopus durch das System.

Den zwingenden Umständen geschuldet, entwickelte jeder seinen eigenen Schein des Seins. Ein kompliziertes System, für jeden anders funktionierend, in dem jeder Neuling sein sich darin Zurechtfinden vom ersten Tag an klug organisieren musste.

Ein als Neuling im Jugendwerkhof einmal begangener Fehler – und davon gab es unendlich viele – begleiteten diese auch dauerhaft bei seinem dortigen Aufenthalt. Im Schocktempo vollzog das Individuum hier seinen Totentanz. Man musste lernen, sein Ich zu verstecken, wenn man es nicht verlieren wollte. Plötzlich hieß es, es findet dieses und jenes dann und dort statt. Ein Nicht-dabei-sein gab es im festgelegten Gruppenleben nicht. Es war ohne Belang, ob es dich interessierte oder nicht.

Ich sollte lernen, eine Meinung zu Dingen zu haben, die mich nicht interessierten. Diese Meinung brauchte eine angepasste Außenwirkung, um nicht in das Raster der unangepassten Verhaltensauffälligkeiten und deren Folgen zu geraten. Vollgestopft mit Denkscheren, Gruppenzwängen, Beurteilungen, Strafandrohungen und endlosen Reglementierungen war es nur eine Frage der Zeit, seine eigene Wirklichkeit und letztlich seine Identität zu verlieren. Es war der pädagogische Irrsinn, von jungen Menschen zu allererst eine ideologische Anpassung als wesentliche Voraussetzung für Umerziehung im Gesamtverhalten abzuverlangen. Vor allem, wenn deren Herkunft aus zerrütteten Familienverhältnissen im Zusammenhang mit problematischer Persönlichkeitsentwicklung eigentliche Ursachen für die Einlieferung waren. Es war eine über dem gesamten Alltag schwebende Heuchelei und Verlogenheit, die jedem eine meist nicht vorhandene Reife und intellektuelle Befähigung abverlangte. Permanente Heuchelei war so für den dazu Befähigten das Ticket zum Erlangen persönlicher Vorteile. Es waren aber Vorteile, die das System bestimmte und die die Jugendlichen beim anderen, der sie hatte, einerseits hassten und andererseits doch selbst danach strebten. Wirkliche Probleme und das eigentliche, persönliche Wesen – alles war ohne Belang. Diese Regeln waren für alle gleich. Mit anderen Worten, man hatte kein Problem zu haben, weil Anderssein die Gruppe schädigte und man so aus der Gruppe fiel. Persönliches Verhalten spielte nur insofern eine Rolle, wie sie in die ideologische Struktur passte. Der Anspruch auf Persönlichkeit wurde zum störenden Giftstachel des Gruppenlebens, wenn die Harmonie geheuchelter Duckmäuserei und ideologischer Verlogenheit dadurch ins Ungleichgewicht geriet. Die in jeder Gruppe fest installierte FDJ-Organisation mit ihren auserwählten Funktionsträgern sorgte dafür, dass dauerhafte Bespitzelungen mit folgenden Denunziationen fest in unserem Jugendwerkhofsalltag verkeilt waren. Diesem Druck konnte man sich nicht schadlos entziehen oder gar entgegenstellen. Die Umerzieher zementierten so durch Weisungsrecht, Bestrafungen und Vergünstigungen, gepaart mit Günstlingswirtschaft weisungsberechtigter Jugendlicher im FDJ-Apparat, einen vielschichtigen Machtapparat. Es war ein Schattenboxen auf allen nur möglichen Konfliktebenen, das dominierend ideologisch überlagert war.

Die Dinge so zu sehen und zu verstehen, war damals den wenigsten bewusst und gehörte für die Mehrheit der Jugendlichen nicht zu ihren Fähigkeiten. Auch ich ersetzte so manches Mal denkend Klarheit durch das Bauchgefühl, weil ich es nicht anders konnte, aber man schmeckt es, ob die Butter ranzig ist…

Das aufkommende Unwetter

Eines Morgens, plötzlich und unüblich, während ich am Fenster noch meinen Gedanken im Morgentrott nachhing, betraten vier Erzieher den mit fünf Jugendlichen belegten Schlafraum.
Ihre Art einzutreten, verhieß nichts Gutes!
Auf mich zukommend, war jedem im Schlafraum klar, zu wem sie wollten. Aufkommende Anspannung in den Gesichtern der anderen Jugendlichen verwandelte sich schnell in ängstliche Neugierde. Wir fixierten uns gegenseitig mit fragenden Blicken, weil keiner verstand, was hier vor sich ging. In Sekundenschnelle war aber klar, dass nur mir und keinem anderen die Anwesenheit der Erzieher galt. Schnell umstellten sie mich so, dass für mich jede Möglichkeit ausgeschlossen war, flüchtend an ihnen vorbeizukommen. Zudem verriet ihre Körpersprache, dass sie die physische Auseinandersetzung mit mir in Betracht gezogen hatten. Sie kannten mich gut genug und wussten, dass sie das nicht ausschließen konnten.
Es gab für beide Seiten nie einen leichten Weg.
Die erste Klarheit dieses Tages bescherte mir also nichts Gutes! Es war nicht dieses sich etwas Bewusstwerden eines klugen Menschen, der sich in einer schwierigen Situation befindet und nach kurzer Zeit der Besinnung mit Vernunft seine Abwägungen trifft. Nein, es war eine innerlich aufkommende Aggression in meinen Gefühlen mit der Wut und Ohnmacht darüber, ihrer Macht so ohnmächtig ausgeliefert zu sein. Der einfachste noch wiederzugebende klare Gedanke war der, dass es mich bis zum „Erbrechen ankotzte", jetzt nicht irgendwie dreinschlagen und abhauen zu können. Zwei Tage vor Weihnachten war ihnen so für mich eine echte Überraschung gelungen!
Ich versuchte noch das Schauspiel, mich in aller Ruhe anzukleiden, um dann mit der Gruppe zum Frühstücken zu gehen. Doch

die Erzieher forderten mich jetzt mit einem sehr harten und bestimmten Ton auf, mich mit dem Anziehen zu beeilen.
Im Auto sei für mich eine Sonderverpflegung bereitgestellt!
Im kalten Winter, am frühen Morgen ins Schwitzen zu geraten, wurde für mich zu einer bemerkenswerten, neuen Erfahrung.
In mir machte sich das Gefühl einer sehr bösen Erwartung breit, und ich sollte mich nicht irren!
Mein ganzer Körper und meine Sinne wurden von dem sehr miserablen Gefühl beherrscht, ihnen so ausgeliefert zu sein. Ohne eine Chance auf Gegenwehr zu haben, raste mein Puls durch den Irrgarten meiner maßlosen Wut, die zu formulieren heute nicht mehr angemessen erscheint. Im Vertrauen darauf, dass sich der geneigte Leser an manch eigene sündhafte Entgleisungen seiner vergangenen Jugendtage erinnern wird...
Ihrer Sache sicher und keine Umschweife aufkommen lassend, teilten mir die Erzieher im recht barschen Tonfall mit, dass sie mich augenblicklich nach Torgau schaffen würden...

Einweisung nach Torgau am 22. Dezember 1971

Neurologisches Dynamit

Auch wenn ich es ahnte, der Geschlossene Jugendwerkhof Torgau war eine uns immer latent begleitende Bedrohung, traf es mich doch wie ein mächtiger Keulenschlag!
Ich war schon einiges gewohnt, aber zwei Tage vor Weihnachten in den Geschlossenen Jugendwerkhof Torgau eingeliefert zu werden, war denn auch für mich verdammt heftig, und ich hatte es natürlich auch nicht wirklich erwartet. Mein Kopf war augenblicklich mit Gedanken zum Explodieren ausgefüllt, die an dieser Stelle zu wiederholen auch nicht wirklich sinnvoll wäre und ich gern der Fantasie des geneigten Lesers überlasse.
Im Zeitraffer rasten die letzten neun Monate nervigen Gezeters meiner mir während der gesamten Jugendwerkhofzeit ständig vorgeworfenen Erziehungsunwilligkeit durch den Kopf. Wieder einmal wurde ich von Leuten einfach aus meinem Lebensumfeld gerissen und weggebracht. Denen war es einfach völlig egal, ob du Freunde und Kumpels hattest.
In diesen Momenten gab es keinen Abschied. Sie brachten dich einfach weg. Ich hatte nichts so Böses getan, dass sie das so mit mir hätten tun dürfen. Mir wurde wieder einmal klar, nichts und niemand durfte mir so viel wert sein, dass ich es nicht achtlos hinter mir liegen lassen könne, wenn ich gehen musste. Mich an etwas zu binden, mich irgendwo hingezogen zu fühlen, würde mich schwach und angreifbar machen.
Von einem Moment zum anderen hatte ich plötzlich die „verlockende Perspektive“, an einen Ort gebracht zu werden, an dem ich zu einem besseren Menschen umerzogen werden sollte!
Die Jungs, mit denen ich nun schon neun Monate zusammengelebt hatte, standen natürlich wie gelähmt da. Was hätten sie

auch sagen sollen. Auch wenn uns der Zufall des Lebens zusammengeführt hatte und unsere Regeln untereinander rau und hart waren, so gab es auch etwas Verbindendes unter uns. Diese Verweigerung, Abschied nehmen zu können, tat extrem weh und hat lange an meiner Seele gezerrt. Dieses Rigorose, mich wieder einmal aus meinem Umfeld zu zerren, hat mir sehr viel Lebensbesinnung geraubt und in mir eine Widerwilligkeit hervorgerufen, von der ich mich lange, lange Zeit nicht mehr lösen konnte. Was heute, eine mit großem Abstand und Vernunft reflektierte Betrachtung der Vergangenheit ist, war damals ein schockierender Alptraum. Ein Konglomerat an Befindlichkeiten mit großem zerstörerischem Potential – in jeder Hinsicht. Dieses emotionale Chaos überforderte jede meiner Fähigkeiten, damit umzugehen und es halbwegs zu ordnen. Was blieb, war ein schwarzes Loch, in dem Hass, Aggression und eine kaum zu bändigende Wut, meine Gedanken- und Gefühlswelt durcheinanderwirbelten…

So begann ein Tag, der trotz strahlender Morgensonne eine mehr als furchtbare Stimmung im Raum verbreitete. Mit dem Rücken zum Zimmerfenster stehend, hatte die schöne Landschaft, die ich mir an den vielen Morgen angesehen hatte, augenblicklich all ihre Reize verloren. Die aufgehende Sonne schien die Zimmerwände mit finsterem Licht bemalen zu wollen – eine seltene Farbe zwischen dunkel und schwarz.

Einige Momente standen wir uns schweigend gegenüber und ich musterte die Erzieher mit ihren finsteren Blicken. In ihren Augen konnte ich lesen, wie intensiv sie auf mich vorbereitet waren. Die Zimmerkameraden gingen innerlich in Deckung und konnten dem Geschehen nur schweigend beiwohnen. Keiner hätte es gewagt, auch nur einen Ton zu sagen. Jeder von den Jungs war verständlicherweise froh, nicht derjenige zu sein, den es betraf.

Torgau war einfach der Inbegriff einer Drohung in unseren Köpfen – ein Angstreflex, mit dem sich Rechtlosigkeit und Willkür schon bei der Nennung des Ortes manifestierte. Wer aus Torgau wiederkam, hatte nicht nur einen kahl geschorenen Kopf. Der Jugendliche, der diesen Weg einmal gehen musste, kam einfach nie wieder. Es war für immer ein anderer Mensch, wenn er zurückkehrte. In Torgau wurde die Jugend am dreckigen, grauen Eingangstor förmlich exekutiert.
Reden über den Geschlossenen Jugendwerkhof Torgau war auch im normalen Jugendwerkhof nicht alltäglich und hatte seine Besonderheiten. Ich kann mich nicht besinnen, dass darüber jemals wirklich gelästert wurde, bedenkt man unser sonst sehr lockeres und aufsässiges Mundwerk. Im Speisesaal wurde uns, wenn ein Jugendlicher dorthin fortgebracht worden war, offiziell und geradezu triumphierend verkündet, dass dieser auf Grund seines Verhaltens und seiner Erziehungsunwilligkeit nach Torgau „überstellt" wurde. Schweigend empfand jeder die Scham, mit der der fortgebrachte Jugendliche in seiner Abwesenheit so noch an den öffentlichen Pranger gestellt wurde, und jeder hatte ein Bewusstsein dafür, dass man mit ihm in derselben Art und Weise verfahren würde, wenn er hier nicht funktionierte. Es war immer ein fürchterlich bedrückendes Schweigen von den etwa 180 jungen Menschen im Speisesaal, wenn es zu derartigen Auftritten des Heimleiters kam.
Torgau war das Schwert, welches über unseren Köpfen hing.

Der Heldenschein

Dem Bösen geht die Kraft der Androhung voraus. Jemand, der aus Torgau entlassen wurde, kam in der Regel wieder in den „Stammjugendwerkhof" zurück, von dem er nach Torgau eingewiesen wurde. In Hummelshain musste er sich dann wieder im Speisesaal in Anwesenheit aller Jugendlichen von seinem Platz erheben. Wiederum vom Heimleiter, und wieder vor allen anderen Jugendlichen bloßgestellt, wurde dem Betreffenden nun mitgeteilt, dass er gerade aus Torgau zurückgekehrt sei und man hoffe, dass er dort gelernt habe, sich diszipliniert in die Gemeinschaft der Gruppe einzuordnen usw.

Dann wurde dem Betreffenden noch einmal in aller Klarheit deutlich gemacht, wie sein schlechtes Verhalten, das zu seiner Einweisung nach Torgau geführt hätte, dem Ansehen des gesamten Jugendwerkhofes geschadet hätte, und was er sich überhaupt dabei gedacht hätte, so aufzutreten. Natürlich wisse er ja nun, dass er auch bei Rückfälligkeit ein zweites Mal nach Torgau überstellt werden könne, und er also jeden Grund hätte, sich jetzt endlich erziehungsbereit zu zeigen...

Diese „Rückkehrer" erzählten nur in eingeweihten Kreisen ihre Erlebnisse, da sie wussten, dass sie hart bestraft werden, wenn sie über dort Geschehenes berichten würden. Dafür musste jeder Jugendliche vor seiner Entlassung des Jugendwerkhofes Torgau unterschreiben. Zudem musste jeder Entlassene noch mehrere „Entwicklungsberichte" nach seiner Entlassung an den Direktor selbst schreiben, wie sich sein Aufenthalt nach Torgau im Stammjugendwerkhof gestalten wird. Da diese Post von den Erziehern grundsätzlich gelesen bzw. kontrolliert wurde, war auch das ein einziges Schmierentheater. Für die Jugendlichen selbst waren die Rückkehrer vom Jugendwerkhof Torgau eine Zeit lang Helden, denen mit einer gewissen Ehrfurcht begegnet wurde. Ihr oft langes und bedrückendes Schweigen nach ihrer Rückkehr irritierte uns alle.

Ich sollte in Kürze erfahren und begreifen, wie ihr zerstörtes Wesen damit kämpfte, in irgendein ihnen jetzt sinnlos erscheinendes Leben zurückzukehren.

Es gab zwei sehr unterschiedliche Arten von Leid, das es zu ertragen und vor allem zu bewältigen galt. Zum einen war es das unmittelbare Durchleben aller körperlichen und seelischen Strapazen in Torgau. Dieses durch physischen Dauerstress direkte Zerstören deiner Persönlichkeit, das man nach einiger Zeit mit einer gewissen Apathie und Stumpfsinnigkeit durchlebte, aber eben auch zeitlich limitiert blieb. Zum anderen ungleich schwieriger und folgenreicher sollte das Leben danach werden, wenn der angerichtete Schaden in der Seele, wie ein fortwährender Tropfen Wasser auf der Stirn, in dein Gehirn hämmerte und man sich nicht flüchtenden Fußes einfach aus dem Erlebten herausbegeben konnte.

In Torgau Erlebtes hatte einbrennende Wirkung auf das Gehirn und deren Bilder entwickelten eine Eigendynamik der Wiederkehr in der Erinnerung. Diese Bilder komprimierten Denken und Fühlen auf Abwehr, Argwohn und Distanz. Ich habe niemanden erlebt, der danach noch so Lachen konnte, wie vor seiner Einweisung nach Torgau.

Die Ernsthaftigkeit der Rückkehrer hielten wir für alles Mögliche. Nur nicht für das, was es wirklich war. Ihre Seelen waren zu erschöpft, um noch an die Werte zu glauben, die man hatte, bevor man im Geschlossenen Jugendwerkhof Torgau eingewiesen worden war. Missverständlich wurde von fast allen Jugendlichen geglaubt, wer Torgau überstanden hatte, sei stark. Er erwarb sich mit dieser Bürde des Grauens auch den zweifelhaften Respekt eines wiederkehrenden Heldens.

Wer nicht selbst in Torgau war, konnte kein vertieftes Verständnis für die seelische Zerrüttung der Rückkehrer haben. Dafür gab es keine Einfühlsamkeit, die das angemessen wahrnehmen konnte. So trug das wenige und heimliche Gerede zur starken und zweifelhaften Legendenbildung über Torgau bei.

Was man dort verloren hatte, sollte ein das Leben begleitendes

Erinnern bleiben, mit dem Versuch, die Dinge zu verstehen, die man nicht verstehen kann…

Der kalte Krieg

Da war er also, jener Moment, den alle Jugendlichen so sehr fürchteten, die, aus welchen Gründen auch immer, Insassen eines Jugendwerkhofes in der DDR waren.
Jetzt hatte es also auch mich erwischt!
Manch einem wurde es angedroht und später vollzogen. Manch einer wurde aus heiterem Himmel fortgebracht, so wie es mit mir geschah. Die Unbestimmtheit der Vorgehensweise als Methode garantierte den Erfolg ihres Vorhabens. Das Verhindern einer Flucht, um sich der Einweisung nach Torgau zu entziehen, hatte natürlich oberste Priorität.
Mit einem kaum zu beschreibenden Gefühl von überschüssiger Wut und Hass wurde ich von den vier Erziehern zu dem bereitstehenden Auto gebracht. Ich hatte absolut nichts zu bedenken, was mich in meinen Gedanken hätte milder stimmen können. Meine sichtbare Aggression ließ die Erzieher mit der allerhöchsten Aufmerksamkeit und größten Sicherheitsvorkehrungen mit mir umgehen. Sie schoben mich energisch auf den Rücksitz des Autos, und neben mir saß jeweils ein Erzieher zu beiden Seiten. Von innen klinkenlos, ließen sich die Türen des Autos nicht öffnen, um so jeden Fluchtversuch während der Fahrt zu unterbinden. Ich hatte mir innerlich gewünscht, dass wir alle fünf im Auto sitzend gegen einen Baum krachen und keiner von ihnen mehr lebend aus dem Auto herauskommen würde. Dieser Gedanke hatte damals meine Wut getröstet. Ich wäre nicht der erste gewesen, der den Fahrer während der Fahrt ins Lenkrad greifen wollte, um so größtmöglichen Schaden anzurichten.
Blicke von noch herumlaufenden Jugendlichen im Jugendwerk-

hofgelände begleiteten meine Ausfahrt aus dem Jugendwerkhofgelände von Hummelshain. Auf Mitleid brauchte ich nicht zu hoffen. Bemerkenswert war der Umstand, dass es unter uns Jugendlichen für den Fortgebrachten auch keine Häme gab. Ich habe es nicht erlebt, geschweige denn gedacht. Es war einfach Hilflosigkeit mit innerer Zerrissenheit auf beiden Seiten. Jeder wusste, dass auch er ganz unerwartet in diesem Auto sitzen konnte und jeder wusste, wohin dieses Auto fuhr.

Jetzt also wurde Torgau Teil meines Schicksals.

Eisiges Schweigen begleitete die gesamte Fahrt, auf der sich feindselig gesinnte Menschen nicht enger begegnen konnten, als ich mit diesen Erziehern aneinandergepresst in diesem Auto saß. Der Vollendung ihrer Drohung entgegensehend, saß ich mit starrem und düsterem Blick die gesamte Fahrt über im Auto. Mit unendlichem, schweigendem und nicht zu bändigendem Hass während der gesamten Fahrt zum Jugendwerkhof Torgau brach in meinem Kopf ein Krieg aus, von dem keiner wissen möchte, wie dieser aussah: Mein schon bis zu diesem Zeitpunkt sehr abstruses und aus allen Fugen geratenes Leben raste durch meinen Kopf...

Mein Zuhause war letztlich ein auf die Kinderzeit beschränktes Desaster. Das Kinderheim war und blieb eine fremde Welt für mich, in der beide Seiten nicht miteinander zurechtkamen. Dort fand man keine Wege, meinem sicherlich in vielen Dingen sehr destruktiven und zerrütteten Charakter Orientierung zu geben. So war es auch für sie die einfachste und schnellste Lösung, mich in den Jugendwerkhof einzuweisen. Und der Jugendwerkhof Hummelshain war eine Station meines Weges, der zum Scheitern verurteilt war, weil die Evolution den Affen zum Menschen werden ließ und nicht umgekehrt.

Ich fühlte mich ein bisschen wie ein herumgeschubstes Kind, das an keinen Ort der Welt so richtig hingehörte. Ein Kind, das stört und dessen man sich einfach so schnell wie möglich entledigen musste. Wohin ich auch kam, ich musste mich immer irgendwie einkriegen und sollte irgendwie funktionieren und Anforderungen entsprechen.

Es war eine Zeit, in der das Verhältnis vieler Pädagogen im Umgang mit Kindern noch einen sehr robusten, um nicht zu sagen groben Charakter hatte. Mein Charakter war zu jener Zeit nur dazu geeignet, mit ihm nicht fertig werden zu können. Ich kämpfte an allen Orten um etwas, was ich noch nie wirklich erlebt hatte, ein bisschen wirkliche Freiheit, und ich war ja eigentlich ein Suchender: Warum ich überhaupt auf dieser Welt war und worin meine Bestimmung liegen sollte.

Das Familienleben war erfolglos gescheitert, das Kinderheim war ein Intermezzo und der Jugendwerkhof war die Begegnung zweier Ideen, die sich unüberwindbar gegenüberstanden. Da mir ein normales bürgerliches Leben versagt blieb, musste ich mit dem, was bis dahin an meinem Charakter herumgewerkelt worden war, irgendwie zurechtkommen.

Für Heiminsassen waren die Dinge im Leben eben alle anders. Umso mehr hatte dies seine Gültigkeit für das Leben im Jugendwerkhof. Konfliktlösungen bestanden aus fortwährendem Drohen und Gehorsam. Nichts, was in unserem Handeln mit Einsicht und Entwicklung zu tun gehabt hätte. Ungehorsam wurde eben bestraft. Selbst ein mieser Typ entsprach am ehesten ihren pädagogischen Vorstellungen, wenn er nur ideologisch angepasst als 14- bis 18-Jähriger ihren politischen Unsinn daherredete. Es war der feine Unterschied zwischen dem Angepassten, „der mal einen Fehler machte“ und dem Ungehorsamen, dem „Erziehungsunwilligen“, den man bestrafen musste. Sich dieser Heuchelei zu bedienen, war Strategie und hatte fatale Folgen für jeden geradlinigen Charakter. Die vom ersten Tag an eingepresste Ideologisierung, die nicht unseren Befindlichkei-

ten und oft genug nicht unseren intellektuellen Befähigungen entsprach, war das Ziel, dem sich alles unterordnete. Dafür wurden alle Stressfaktoren auf das höchste Level gesetzt. Recht seltsame Blüten mit einem skurrilen Spektrum politischen Blödsinns trieben so im Jugendwerkhof umher.
Diesem Reglement ordnete sich alles unter.
So mutierte ich während der gesamten Fahrt nach Torgau zu einer tickende Zeitbombe ausbrechender Gewaltbereitschaft. Nur die eingeklemmte Enge im Auto verhinderte meinen Gewaltausbruch. In dieser recht grausigen Stimmung zog sich die Fahrt in eine unendliche Länge. Durch eine wunderschöne Landschaft fahrend, starrte ich die gesamte Zeit der Fahrt über in ein tief-schwarzes Loch innerer Zerrissenheit.

Ankunft in der Hölle

Irgendwann standen wir dann endlich vor dem dreckig, graublauen Tor des Geschlossenen Jugendwerkhofes Torgau.
Kurzes Hupen ertönte.
Langsam und laut quietschend rollte das Tor auf. Es öffnete sich ein gespenstisches Hofquadrat, und das Auto fuhr holpernd hinein. Auf dem Rücksitz eingepresst sitzend, hieß es für mich warten, bis sich das Tor langsam geschlossen hatte. Von einer ca. vier Meter hohen Mauer umgeben, blieb mir nur für einen kurzen Moment die Wahrnehmung eines verdreckten, quadratischen Hofareals. Vergitterte Fenster am Gebäude seitlich zum Hauseingang bereiteten die ersten erschreckenden, furchteinflößenden Eindrücke. Den Flur betretend, wurde ich in das rechter Hand bereits geöffnete Besucherzimmer hineingeführt. Man erwartete mich schon.
Nach einigen Minuten wurde eine zweite Tür gegenüber dem

vergitterten Fenster im Raum energisch geöffnet.
Mein Bauchgefühl ahnte nichts Gutes.
Instinktiv spürte ich, dass keine Geste ausgelassen wurde, um den Druck noch im kleinsten Detail hochzuhalten. Ich war noch nicht soweit, dass ich das chaotische Gemisch meiner Gefühle ordnen konnte. Ohne jede gedankliche Klarheit lähmten Angst, ohnmächtige Wut über meine Wehrlosigkeit und die unbestimmten Drohungen fast mein gesamtes Denken. Jede meiner Regungen bestand aus diffusem Reagieren und der Abwehr von allem Möglichem.
Ich drehte mich um.
Demonstrativ den Türrahmen mit seiner adipösen Leibesfülle fast ausstopfend, stand mir, mich finster und herausfordernd anblickend, der damals von allen so gefürchtete Herr Direktor K. gegenüber...

Das Angebot

Dieser Mann sollte sechs Monate später mein Leben noch einmal auf besonders dramatische Weise verändern: Mir seine wahren Motive nie wirklich offenbarend, wurde er nach meiner Entlassung aus Torgau mein amtlicher Pflegevater.
Ich befand mich bereits seit vier Monaten in Torgau, als ich zu einem „persönlichen Gespräch“ zum Direktor bestellt wurde. Zu diesem Zeitpunkt befand ich mich gerade drei Tage im Arrest von einer insgesamt siebentägigen Arreststrafe, die ich wegen „Verächtlichmachung eines Erziehers“ absitzen musste. Wie vom Donner gerührt unterbreitete mir der Direktor den Vorschlag, mein Pflegevater zu werden!
Bevor ich Luft holen konnte und zu einer Antwort fähig war, sprang ich vom Stuhl auf und wollte aus seinem Zimmer ren-

nen. Er brüllte mich an, dass ich mich sofort wieder hinzusetzen hätte und ihm zuhören solle.

Ich hatte ja keine Wahl. Vor der Tür standen die zwei Erzieher, die mich zu ihm gebracht hatten. Also setzte ich mich wieder und harrte der Dinge, die von diesem, nach meiner Meinung irren Mann, noch kommen sollten. Er blickte mich eine ganze Zeit lang seltsam an und

sagte, dass das erst Gesagte von ihm sehr ernst gemeint war.

Ich blieb, bis auf Mark und Knochen erschüttert, erst einmal „ganz ruhig". Ich glaubte auch nicht, ihn richtig verstanden zu haben. Aber dann fügte er fragend hinzu, ob ich wüsste, wo mein jüngerer Bruder sei?

Ich wusste, dass er von meinem Stiefvater kurz nach meiner Kinderheimeinweisung auch in ein Heim abgeschoben worden war. Er hatte das Pech, in ein Spezialheim eingewiesen zu werden. Mehr wusste ich nicht, und dass ich ihn zu diesen Zeitpunkt schon über die Jahre nicht mehr gesehen hatte, war ja nicht meine Schuld.

„Und wenn er aus dem Heim entlassen werden könnte, was durchaus möglich ist, könnten wir gemeinsam eine Familie gründen", entgegnete mir der Direktor.

Ich saß da und konnte nicht glauben, was er mir da sagte. Der holt mich aus der Arrestzelle, in der ich für einen kleinen Scherz, von dem sich ein Erzieher veralbert fühlte, sieben Tage einsaß, lässt mich dort von seinen Erziehern sieben Tage lang kaputtmachen, frieren, hungern und Strafsport bis zum Umfallen machen und fragt mich dann solch einen Mist! Ich wusste gerade nicht, was ich mit meinem Kopf machen sollte, denn auf solch einen Unsinn war ich wirklich nicht vorbereitet. Ich stand einfach wieder auf und sagte ihm, dass ich sofort wieder in meine Arrestzelle wolle. Mit einer seltsamen, mir höchst verdächtig vorkommenden Freundlichkeit antwortete er: „Gut, Jugendlicher P., überlegen Sie sich das mal in aller Ruhe, und dann reden wir später noch einmal darüber."

Dann ließ er die Erzieher kommen, die mich wieder in den Arrest brachten…

Zwei Tage später musste ich wieder zum Direktor. Recht freundlich empfing er mich und bat mich Platz zu nehmen. „Nun, haben Sie mal nachgedacht, Jugendlicher P.?"

„Habe ich! Wie kommen Sie dazu, mit mir so etwas zu machen? Die Zeit, wo ich hier noch vor etwas Angst habe, ist vorbei. Selbst wenn sie sonst was mit mir anstellen würden, ist mir das sogar scheißegal!"

Ich wusste mittlerweile, wie die Dinge in Torgau liefen. Da konnte er mich nicht mehr sonderlich beeindrucken. Körperlich war ich so trainiert, das ich locker 350 Liegestütze am Stück machte. Und das machte eher Spaß, als dass sie mich damit noch hätten bestrafen können. Rennen konnte ich stundenlang. Ihr knüppelharter Drill trieb die Beine so an, dass sich der Kopf dabei völlig ausschaltete, und ich konnte mich dabei richtig bis ins Delirium hineinsteigern.

Ich hatte auch mehrere nächtliche „Achterbahnfahrten" hinter mich gebracht – ein beliebter Strafsport zur Nacht, im Entengang durch das gesamte Gefängnisgebäude laufen zu müssen. Da landete so mancher Stockschlag im Rücken oder ein Schlüsselbund an dem Hinterkopf.

Wenn sie mich mit Essensentzug bestraften, versenkte ich mich in meine Gleichgültigkeit und war für sie nicht mehr erreichbar. Meine Psyche war in allen Dingen auf null geschaltet. Ich hatte einfach aufgehört, noch vor irgendetwas Angst zu haben. Ich hatte vier Monate nur dreckige graue Farbe gesehen, keine Blume und keinen Baum, nur sinnlos rumbrüllende Erzieher.

Finstere, dreckige Zellen waren mein Lebensraum und stinkende Eimer für die Notdurft bekämpfte ich mit Chlorodont, welches ich unter die Nase schmierte. Von all diesen Dingen abgestumpft, wurde der Stumpfsinn für mich eher zu einer beschützenden Waffe. Das musste man machen, wenn man stundenlang in der Arrestzelle fror und daran nicht kaputtgehen wollte. Nach vier Monaten Dauerdrill nahm ich keinen Erzieher mehr für voll, was wollten die mir noch tun? Ihre Schikanen stießen in meinem Kopf auf einen Lotuseffekt. Jede Strafe quittierte ich mit einem Grinsen.

Diese sogenannten Erzieher wussten doch selbst, dass sie nach mehreren Monaten Torgau bei einem zähen Jugendlichen nur noch ein dreistes Schulterzucken als Antwort bekamen.

Letztendlich wurde ich sein Pflegesohn, da ich die Freiheit meines Bruders in Aussicht hatte. Ich wurde aber zu dem umerzogenen Jugendlichen und nicht dem Genossen, den er aus mir machen wollte. Es sollte eine böse Geschichte werden, die letztlich kläglich scheitern musste…

Das Monster

Selbst seine eher bedauerliche Leibesfülle hinterließ beim Betrachten dieses Direktors eine äußerst bedrohliche Wirkung. Seine zwei Finger in eine Richtung schmeißend, eine seiner Standardgesten, wies er mir meinen Platz zu. Der ihm vorauseilende Hass gegenüber jungen Menschen in allen Jugendwerkhöfen der DDR ließ mich einfach schweigen. Er war schon durch die über ihn kursierenden Berichte in meiner Vorstellung ein übles Monster und in der ersten Realität mit seiner demonstrierten Macht diesem Bild sehr nahe gekommen.

Ich wollte unsere erste Begegnung nicht gleich mit einer Lüge beginnen und wünschte ihm keinen Guten Tag. Noch nicht zu Ende gedacht, brüllte er mich sofort an, ob ich es nicht gelernt hätte, einen erwachsenen Vorgesetzten zu grüßen, wie es sich gehöre: „Aber, Jugendlicher Peickert, Sie werden viel Zeit und Gelegenheit haben, das hier in Torgau zu lernen! Setzen sie sich hin und halten sie ihre vorlaute Klappe! Ein falsches Wort von Ihnen, und es kracht gleich hier! Mit so einem Gesindel wie Sie es sind, werden wir hier alle Male fertig."

So ein Blödmann, war mein erster Gedanke und ich setzte mich hin. Er drehte sich um und wandte sich mit einer kaum zu glaubenden Freundlichkeit an meine Überbringer.

Nach dem kurzen Erledigen der Übergabeformalitäten verließen sie den Raum.

Mit angestautem, ohnmächtigem Hass, größer als die Angst vor dem, was mich erwartete, erwiderte ich demonstrativ und ohne aufzustehen ihr „Auf Wiedersehen" natürlich nicht. Diese von mir gewollte und demonstrative Trotzigkeit entging natürlich nicht der Wahrnehmung des Direktors. Sein sehr freundlicher Umgangston mit meinen Überbringern veränderte sich augenblicklich. Mich wieder knallhart mit den Worten anbrüllend, ich befände mich jetzt in Torgau, und ich hätte mich hier entsprechend zu benehmen, wollte er wohl keinen Zweifel aufkommen lassen, wo und wie es hier langging und wer hier das Sagen hatte. Mich scharf durch seine Brille musternd, blieb ich bei meinem bestimmten und sehr renitenten Schweigen.

Es sind diese sehr speziellen Momente des sich In-die-Augen-Schauens, in denen man sich nur Sekunden durch Blicke fixierend, ohne auch nur ein Wort miteinander geredet zu haben, alles gesagt hatte und die persönlichen Verhältnisse für alle Zeiten geklärt waren.

In diesem Moment eisiger und unheimlicher Ruhe hinein, plötzlich in meinem Rücken stehend, donnerte eine alles ausfüllende Bassstimme in den Raum: „Jugendlicher P. aufstehen! In Torgau wird nicht gesessen!"

Mit fast zwei Metern Körpergröße baute sich fast protzig und Macht demonstrierend im Türrahmen stehend, dieser hinzukommende Mann auf. Später sollte ich erfahren, dass dieser Erzieher als Polizist a. D. in den „erzieherischen" Dienst dieser Einrichtung getreten war. Und er war ein sehr persönlicher Freund des Direktors.

Hinter Kindergittern

Was sich vollendet, ist gewollt
und wird gerichtet,
nachdem was es ist.

Getan oder unterlassen
wirkt es zu seiner Zeit.
Der Flüchtende kennt seine Schande.

Ein Herz mit klagender Stimme
sucht nicht die Rache.
Mahnend will es besser sein!

Seine Erscheinung und seine Bewegungen hatten etwas Behäbiges und Furchteinflößendes zugleich.

Der Direktor würdigte mich jetzt keines Blickes mehr. Nicht ausgesprochen, doch in den ersten Augenblicken klar wahrnehmbar, ließ der Tonfall dieser Torgauer Leute keinen Zweifel daran, dass sie zu jeder Zeit bereit waren, zur Durchsetzung ihrer Belange Gewalt anzuwenden.

Mein Leben als Kind in einer Familie, das von permanenter Gewalt geprägt war, und meine außerordentliche aggressive Gereiztheit verhinderten, mich vor dieser unterschwelligen Dro-

hung mehr zu fürchten, als nötig war. Zu mindestens so, wie sie es sich vorstellten. So sehr, wie Wut oftmals die Wahrnehmung für die Realität verzerrte, hat sie mich in dieser Situation mit meiner Verachtung für diese Menschen davor geschützt, mir vor Angst in die Hosen zu machen. Es war eine Achterbahnfahrt zwischen Angst und trotziger Gleichgültigkeit meines völlig verwirrten Verstandes. Es war dieses Gefühl, so richtig eingesperrt zu sein, dieses Von- der-Welt-ausgelöscht-sein-Gefühl, das sie mit mir machen konnten, was sie wollten, was mich sehr zermürbte und gegen das ich gar nichts tun konnte.
Also lutschte ich ununterbrochen an dem Bonbon des Mutes und redete mir wie ein Prediger ein, dass ich kein Feigling sei.
Herrisch mit ausgestrecktem Arm in Richtung Tür zeigend, wurde mir nun von diesem Erzieher J. bedeutet, in welche Richtung ich jetzt zu gehen hätte. Es war das primitivste Psychogramm eines Erwachsenen, seine augenblickliche Allmacht gegenüber einem Kind so zu demonstrieren.

Verschlossene Türen

Torgau wurde in seinen Schilderungen mehr durch die dortigen Geschehnisse bekannt. Weniger durch den ersten visuellen Eindruck. Die Legenden über Torgau sollten sich vom ersten Augenblick an als bittere und harte Realität bewahrheiten.
Was immer ich mir vorgestellt hatte, es war in jeder Hinsicht in meinen Erwartung naiv und in meiner jetzt erlebten Realität böse, niederschmetternd und bedrückend. Von jetzt an sollte ich nur noch vor verschlossenen Türen stehen, die nach dem Durchtreten wieder verschlossen wurden.
Die Übergabeformalitäten waren beendet, und der Direktor verließ ohne jedes weitere Wort den Raum. Dieser große Mann

starrte mich jetzt mit durchdringendem Blick einen Moment lang an und brüllte plötzlich: „Aufstehen!"
Einigermaßen erschrocken stellte ich mich hin, und er zeigte mit ausgestrecktem Fingen auf die Tür, durch die ich zu gehen hätte. Als ich nach der Klinke greifen wollte, donnerte ein „Nehmen Sie ja die Pfoten von der Klinke weg! So was werden Sie hier lange nicht mehr in die Hand bekommen, Jugendlicher Peickert!"
Dann ließ er zwei Sekunden seinen Schlüsselbund durch die Luft schaukeln und meinte zynisch: „Das sind für lange Zeit ihre Türöffner!"
An der Türrückseite war dann auch keine Klinke mehr, an der ich mich noch hätte vergreifen können.
Zwei Türen später befand ich mich in einem Gefängnisgang. Sehr zögernd setzte ich meinen ersten Schritt in diesen Gang. Plötzlich stieß mich dieser Mann kurz und kräftig in den Rücken. „Sehen sie zu, dass Sie ihre Schritte beschleunigen. Hier haben wir keine Zeit zum Rumtrödeln. Also, ein bisschen dalli, Jugendlicher Peickert!"
Der Gefängnisgang verbreitete eine sehr eigenartige und furchtbare Stimmung. Eine schlimme Ahnungen ausstrahlende Ruhe lag über diesem Gefängnisgang. Der Gang war weiß gefliest und voller schwarzer Streifen. Links und rechts die klassischen Gefängnistüren, wie man sie aus Filmen kennt.
Ein diffuses Licht ersetzte das Tageslicht, denn auf dem Flur gab es keine Fenster.
Alle Zellentüren waren verschlossen.
Eine bedrückende Stille lähmte fast meine Sinne.
Die schleppende Bedächtigkeit der Schritte des Erziehers war seine fast ritualisierte Körpersprache, die mich von nun an begleiten sollte.
Mein mehr als mulmiges Gefühl im Bauch und weniger mein

denkender Kopf gaben mir den nötigen Instinkt, nicht wild um mich schlagend auszurasten, um seiner ganz offensichtlich drohenden Bereitschaft der Gewaltanwendung nicht ausgeliefert zu werden. Hinter mir laufend sollte seine Machtdemonstration das Angstimplantat für meinen Kopf sein.

Dann war ich angekommen.

Vor einer Zellentür kam von ihm unmissverständlich herausgebrüllt der Befehl: „Stehen bleiben, Jugendlicher Peickert!"

Neben einer noch verschlossenen Zellentür musste ich mich hinstellen. „Jugendlicher Peickert, in Torgau wird stillgestanden! Hacken zusammen und Hände an die Hosennaht!"

In diesen Dingen völlig unbedarft und ungeübt, versuchte ich mich einfach gerade hinzustellen.

„Das werden sie hier noch lernen!", brüllte er mich an.

Dann flog mit erschreckender Routine sein riesiger Schlüssel krachend ins Schloss, und die Schieber wurden von ihm professionell und scheppernd zur Seite geknallt.

Ich versuchte trotz meiner ganzen, wutbeladenen Anspannung jedes Detail wahrzunehmen, und er wusste nur zu genau, dass ich mich darum bemühte. Es war schon ein wenig ein erstes, sich gegenseitiges Belauern. Er musterte mich von unten bis oben und bedeutete mir mit einer stummen Kopfbewegung, in die Zelle hineinzugehen.

Im Leben eine Zelle zum ersten Mal betreten zu müssen, ist ein nicht zu beschreibendes Gefühl von unsäglicher Resignation und innerer Zerrissenheit.

Zu diesem Zeitpunkt war ich 15 Jahre alt.

In Bruchteilen von Sekunden ging mir die ganze Welt durch den Kopf, der kurz vor dem Explodieren schien. Mich unbeschreiblich elend fühlend, stand ich in der Zellenmitte und musste sofort Gürtel, Schnürsenkel und alles, was man als Strick verwenden konnte, abgeben. Dann wurde ich aufgefordert, mich mit dem Gesicht zur Zellenwand zu stellen und meinen Körper so zu positionieren, dass eine Leibesvisitation durchführbar war. Zum ersten Mal in meinem Leben wurde ich von oben bis unten gründlich abgetastet – mit gespreizten Beinen an der Wand, mit nach oben getreckten Armen, vorgeneigt stehend.

Ich bekam einem heftigen Tritt zwischen die Beine und wurde von ihm aufgefordert, fast im Spagat zu gehen. Mit der einen Hand drückte mich dieser Erzieher fest in meinen Rücken und mit der anderen Hand grapschte er meinen Körper ab.

Ich hatte keinen einzigen Gedanken an Selbstmord. Aber ich begriff schon, dass nichts mehr als ihre gesamte Vorgehensweise dazu geeignet war, bei jungen Menschen Selbstmordgedanken als Lösung und Ende aller ihrer Probleme aufkommen zu lassen. Ich habe manches Mal gelitten und wusste manches Mal nicht, wie ich damit umgehen sollte. Aber ein automatischer Selbstschutz- und Überlebensmechanismus half mir vor irreparablen Handlungen der Selbstschädigung und lag sicher in meiner rauen Kindheit begründet. Ich suchte nie wie manch anderer nach der endgültigen Lösung. Genauso wenig wie ich mich für das, was sie hier mit mir machten, schuldig fühlte, hatte ich nicht im Geringsten die Absicht, mich in irgendeiner Art und Weise selbst zu richten.

Da wir im Jugendwerkhof Hummelshain auch einige Jungen und Mädels hatten, die mit dem Leben dort nie zurechtkamen und gelegentlich auch Scheinselbsttötungen begingen, um so eine Entlassung zu bewirken, war mir dieses Thema nicht so ganz fremd und eigentlich schon fast zum Alltag gehörend.

Nach dieser Leibesvisitation fühlte ich mich verdammt dreckig und begrapscht. Ihre Vorgehensweise bereitete mir allergrößtes Unbehagen und ich ahnte, was auf mich zukommen würde, wenn sie hier schon am Anfang so hart zur Sache gingen. Aber ein Strick um meinen Hals gehörte nie zu meiner Vorstellung!

Andererseits manifestierten sie fast beiläufig in der Verächtlichkeit ihres Tonfalls und mit ihrem gesamten Machthabitus sehr viel Gleichgültigkeit für den Fall, dass man sich mit einem Selbstmord ihren erzieherischen Maßnahmen entziehen will. Und anders betrachteten sie diesen Umstand gar nicht. Den Tod eines jungen Menschen durch Selbstmord, mit viel amtlichem Aufwand verwalten zu müssen, war für sie wohl ein wesentlicher und sicher auch der einzige Grund, ihn zu verhindern. Ihre Interpretation von Erziehungsunwilligkeit, die sich darin äußerte, sich durch Suizid gegen ihre erzieherischen Maßnahmen zu stellen, sind da fast nur noch irrsinnige Begleitumstände ihrer totalen inneren Verrohung.
Vom Direktor selbst stammten jene unsäglichen Äußerungen: „Wer den Selbstmord überlebt, fügt sich besser."
Jede andere Betrachtung entzog sich grundsätzlich seiner Gesinnung. Bekannt ist der Vermerk in der Torgauer Akte, dass der Selbstmordversuch eines Jugendlichen dazu diente, sich den erzieherischen Maßnahmen dieser „Einrichtung" zu entziehen!
Als ich und mein jüngerer Bruder fünf Monate später der Pflegesohn dieses Jugendwerkhofdirektors werden sollten, lernte ich noch einiges mehr an absurden Betrachtungen seiner irren Philosophie zur Erziehung junger Menschen kennen. Diese verbohrte Weltsicht, die beinhaltete, dass der Tod der Gesellschaftsfeinde eine Vollendung des Klassenkampfes sei, bestimmte so das Schicksal vieler junger Menschen, die Torgau, ihn und seine Gesinnungsgenossen kennenlernen mussten.
Öffentlich waren wir für ihn schwer erziehbare Jugendliche, die in seiner Wohnzimmer-Philosophie von Geburt an Staatsfeinde waren und mit allen Mitteln zu bekämpfen seien.
In einer kaum nachvollziehbaren Dimension brach nun das Gefangensein über mich herein. Ihrer in allen Dingen unangemes-

senen Vorgehensweise, ihrer Perfektion des sofortigen Demütigens und des Bedrohens in allen Details hatte ich noch nichts entgegenzusetzen. Die Fähigkeit meines Denkens reduzierte sich auf ein unangenehmes Gefühl schlimmer Erwartungen, deren Vollendung dann aber auch immer die Hölle war.

Jeder, der in Torgau ehemals eingesessen hat, kennt diese Erfahrung. Meiner Sinne nur bedingt mächtig, wurde ich jetzt nach Beendigung der gründlichstens durchgeführten Leibesvisitation und wieder stramm stehend über die Arrestordnung aufgeklärt: Am Tag darf ich in der Zelle weder liegen, noch sitzen. Mein Blick hat immer in Richtung Arresttür ausgerichtet zu sein. Zudem bleibt die Holzpritsche tagsüber grundsätzlich hochgestellt, sie diene lediglich zum Schlafen. Den Hocker musste ich augenblicklich vor die Zellentür abstellen.

Eine mir sonst fremde und wirre Eilfertigkeit, irgendwie alles richtig zu machen, nur um irgendwelchen Ärger zu vermeiden, beschlich mich.

Diese Unsicherheit war damals ein beschämendes Gefühl der Selbstverleugnung und Feigheit. Feigheit war eine Denkkategorie, die den Begriff Angst als Schutzfunktion, sich vor etwas in Acht zu nehmen, in meinem Denken ausklammerte. Feigheit war im Denkschema Jugendwerkhof unmoralisch und verachtungswürdig. Mit diesem Attribut ausgestattet, hatte man einen Höllentrip vor sich, der frühestens mit dem Tag der Entlassung sein Ende fand.

Durch diesen erbärmlichen Druck befand ich mich in einem Zustand, den ich vorher nicht gekannt hatte und den ich nicht beherrschen konnte. Sich in einer Gemeinschaft von Jugendwerkhöflern zu behaupten, bedeutete, sich den dortigen Definitionen von Mut anzupassen. Man hatte seine Schonfrist, Ängstlichkeiten zu überwinden und die Chance, irgendwie zurecht zu kommen.

Der Hammer im Kopf

Will ich verlieren, was ich fordere?
Das Gute, scheinbar,
geht schnell verloren
an der Kraft des Bösen,
sie ist so stark
für den Moment ihres Wirkens.
Verzagen
ist der Augenblick der Schmerzen
und verloren nur ist,
was man nicht will!

Hier bekam man den Boden unter den Füßen weggerissen und sollte dann laufen. Heute weiß ich vieles mehr über diese Befindlichkeiten und kann sie ohne innerlich zu erröten in den Erinnerungen einordnen.
Wieder in der Zellenmitte stehend, baute sich der Erzieher, mich musternd und seine Macht demonstrierend, im Türrahmen noch einmal auf. Sich schweigend wendend, verließ er die Zelle und knallte die Zellentür zu. Der Schlüssel drehte sich wieder scheppernd um, und die Schieber krachten wieder demonstrativ zu.
Mir ging es nicht schlecht – nein, mir ging es zum Kotzen! Ich konnte nur deshalb nicht brechen, weil mein Hals wie zugeschnürt war. Nie wieder erlebte ich das Weggehen eines Menschen als eine solch perfide Drohung des Wiederkommens.
In denkbar knappsten Zeitabständen wurde nun der Spion betätigt. Ich war nicht nur in einem finsteren Loch eingesperrt. Es war gewollt, einem zu sagen: Wir haben dich immer und bei allem was du tust im Blickfeld.

In diesem Desaster seelischer Zermürbung begann die Zelle langsam auf mich einzuwirken. Ein ekliges Grau an den Wänden, eine hochgestellte Holzpritsche und ein in der Ecke stehender, nach allem Dreck stinkender Eimer bemächtigten sich meiner Wahrnehmung. Ein sich über meinem Kopf befindendes Fenster zog meinen Blick, trotz Verbot, in den nun vergitterten Himmel und hinderte mich so an dem Versuch, mit dem Kopf die Wände einzuschlagen.
Die ersten zehn Minuten in dieser Zelle waren dazu bestimmt, auf das Gemüt des Neuankömmlings demoralisierend einzuwirken, bis im Kopf der Hammer an die Schädeldecke schlägt. Unbewusst ging ich wenige Schritte hin und her, als jemand mit der Faust unüberhörbar von draußen an die Arresttür schlug und laut, fast wütend brüllte, dass ich mich gefälligst nur mit Blickrichtung Tür hinzustellen hätte und ich in der Zelle nicht hin- und herzulaufen hätte. Angst und widerspruchslose Unterwerfung sollten zum frühestmöglichen Zeitpunkt den Willen brechen, sich in meinem Kopf festsetzen und „Erziehungsbereitschaft" (was für ein lächerlicher Schwachsinn ist dieses Wort!) herstellen. Kurze Augenblicke später wurde die Tür wieder krachend aufgerissen. Ein bewusst hart artikuliertes „Raustreten!" donnerte in die Zelle.

Die Saat der Distel

„Kommen Sie und bewegen Sie sich, Jugendlicher P! Das geht hier alles ein bisschen zügiger, als da, wo Sie herkommen!"
Der nächsten Anweisung des augenblicklichen Strammstehens folgte die Anweisung der kompletten Entkleidung. In einer mir gereichten Turnhose, halbnackt auf dem jetzt in der Mitte des Gefängnisganges stehenden Hocker sitzend wurden mir die

Haare auf eine Länge von zwei Millimeter komplett geschoren. Meine gesamte private Kleidung, die ohnehin dem anderen Jugendwerkhof gehörte, denn ich hatte ja nichts Privates mehr, was wirklich mir gehörte, wurde mir weggenommen, und ich musste die dortige Anstaltskleidung anziehen. Ich wurde belehrt, dass es strengstens verboten war, irgendwelche privaten Dinge im Besitz zu haben. Rauchen und Alkohol seien ebenfalls strengstens untersagt. Ansonsten würde ich alles, was ich zum Leben bräuchte, von ihnen bekommen.

Während meines Aufenthaltes in der Arrestzelle galt ein strengstes Kontaktverbot mit anderen Jugendlichen. Reden durfte ich nur mit ausdrücklicher Genehmigung der Erzieher. Ein besonderes Verbot bestand im zu nahen Herantreten an den Türspion: Man durfte nicht näher als zwei Meter an die Zellentür von innen herantreten. Das heimliche Organisieren eines langen, spitzen Gegenstandes barg die Gefahr in sich, mit diesem den durch den Spion blickenden Erzieher das Auge auszustechen. Sie fürchteten die Gewalt, die sie selbst säten. Ein bewusst auffällig herablassender Tonfall begleitete die gesamte Prozedur. Nach all diesen Verrichtungen wurde ich wieder eingeschlossen und unter strenger Beobachtung durch den Spion dem Dasein in der Zelle überlassen.

Ohne Uhr konnte ich nur vermuten, dass es Mitte des Nachmittags war. Die der Zeit auf seltsame Weise innewohnende Besonderheit, ihr Gleichmaß im Fortschreiten zu verlangsamen ohne es wirklich zu verlieren, wenn sie sich gerade in unangenehmen Situationen beschleunigen sollte, bekam eine neue Dimension. Ausgelöst durch die Irritation des rasenden Tempos der Gedanken, in die ich versunken war.

Fast erlösend von der Düsterheit meiner Gedanken wurde die Zellentür wieder krachend aufgerissen. Vom Erzieher J., der im Zellentürrahmen stand und mich überfallartig anbrüllte, ob ich

noch nicht gelernt hätte, wie eine Meldung korrekt zu machen sei, wenn die Tür aufginge, was er natürlich wusste, verschlug es mir erst einmal die Sprache. Seine Frage verneinte ich fast stotternd, sodass er mich anbrüllte, mir dies erst einmal beim Einweisungssport beizubringen. Denn in Torgau sei es nicht üblich, sich in der Arrestzelle einen „Fetten zu machen", wenn die anderen fleißig Arbeiten gehen, wie er es ausdrückte.
Von dieser Betrachtung völlig entgeistert und zu diesem Zeitpunkt mir inhaltlich auch völlig unverständlich, musste ich aus der Zelle heraustreten.

Die Distel

Vom Wind verweht
verharrte ich an Orten,
weil seine Kraft mich nicht mehr trug.
Meine Wurzeln am Boden fesselnd,
erblühte ich im kargen Sand.
Ich musste bleiben,
wohin andere sich nicht wagten.

Im grauen Licht dunklen Gemäuers,
konnte er fliehend nicht mehr wehen.
Ich draußen, zwischen den Gräsern?
Von Blicken fremder Augen verachtet,
suchen pflückende Hände nur Blumen.

Gebrochen zum eitlen Betrachten
lebt ihre Blütenpracht nur kurze Zeit.
Nach meinem Leben greifend,
werden sie ihn spüren,
den Trotz meiner Stacheln!

Es war eine Verhaltensbesonderheit dieses Erziehers Herrn J. mir jetzt und auch später ständig zu sagen, dass mein schlechtes Verhalten der Grund meines Daseins in Torgau wäre. Ich hätte schon immer eine große Klappe gehabt, gemacht, was ich wollte und meine Aufsässigkeit würde er mir schon austreiben.
Ich konnte über diese Einschätzung eines mir völlig fremden Menschen, der mein Leben bestenfalls aus Akten kannte, nur mit Entsetzen staunen. Erst in späteren Lebensjahren, als meine Bildung diese Wut, diesen Hass und diese Aggressionen in den untersten Schubfächern meiner Zimmerregale verstauben ließ, konnte ich verstehen, welch Schaden dieses permanente Demütigen in mir angerichtet hatte.
Abwehrhaltung und Konfrontation in allen Dingen bestimmten fortan meinen inneren Lebensrhythmus. Keine Zeit für klare, orientierende Gedanken zu haben, bekam ich jetzt im herrischen Ton die Anweisung, die gerade erst bekommene Anstaltskleidung wieder ausziehen. Ich bekam eine grüne Turnhose und ein paar alte, schon sehr abgelatschte Turnschuhe und musste mich im Laufschritt zum anderen Flurende begeben.

Turnstunde

Die Assoziation zu einer Turnhose ist in der Regel Sport. Was sie hier damit meinten, sollte ich nun auf eine besonders demoralisierende Art und Weise erfahren.
Seine Anweisung eher im gehenden Schritt ausführend, brüllte er mich zurück und wie eine Furie schreiend, wies er mich an, mich gefälligst im Laufschritt zu bewegen.
„Mensch P., bewegen sie ihren Arsch! In Torgau wird nicht gegangen! Jede Fortbewegung hat im Laufschritt zu erfolgen, aber Dalli!“

Sehr viel später begriff ich den Sinn, Menschen Dinge nur im Laufschritt ausführen zu lassen. Die diesem aufgezwungenen Bewegungsmuster immanente Ängstlichkeit und das damit verbundene Fluchtverhalten sollten bewusstes Denken im normalen Gehen ausschalten. Somit war auch diese Verhaltensanweisung folgerichtig Bestandteil ihres Konzeptes zum bedingungslosen Gehorsam. Ich musste sechs Monate lang lernen, ein Leben im Laufschritt zu führen.

Erziehungsirrsinn, der rein physisch funktionierte.

Widerspruch oder gar Widerstand wurden gnadenlos bestraft. Eine Drohung, die man, ohne noch etwas dazu gesagt zu bekommen, jederzeit verstand.

Jetzt also im Laufschritt am anderen Flurende ankommend, hieß es: „In die Hocke!"

Im Entengang mit nach vorn gestreckten Armen ging es den weiß gefliesten Flur entlang. Die Schärfe der Befehle führte zur reflexartigen Ausführung und sollte wohl jeden Widerstand im Keim ersticken. Während dieser Art der Fortbewegung musste ich die mir jetzt erklärte Meldung wiederholen. Stotternd und nach Luft ringend, versuchte ich den vorgegebenen Text zu wiederholen. Mein Entengangtempo verlangsamte sich, um alles richtig auf die Reihe zu bekommen. Schon brüllte er mich wieder an, gefälligst mein Tempo zu erhöhen. Soweit es ging, versuchte ich es auch. Untrainiert war aber nach kurzer Zeit kein Weitermachen möglich. Alles schmerzte und es war eigentlich nur noch ein jämmerliches Kriechen von mir erkennbar. Ein rücksichtslos in meinen Rücken tretendes Knie bewirkte noch einige hilflose Vorwärtsbewegungen. Dann ging nichts mehr. Unbedarft und nichtsahnend stand ich ziemlich unbeholfen auf. Augenblicklich machte der Erzieher mir klar, dass ein sich nicht angewiesenes Erheben in einer solchen Situation als rebellierender Ungehorsam und vor allem als direkter körperlicher An-

griff auf den Erzieher gewertet wurde – mit fatalen Folgen!
„In die Liegestütze!“, brüllte er mir augenblicklich über den Gang entgegen, an dessen Ende er sich wieder begeben hatte. Er kam sofort im unerwartet schnellen Schritt wieder auf mich zu und griff nach etwas in seiner Jackentasche. Unmissverständlich ließ er mich einen ausziehbaren Schlagstock sehen.
„Sofort runter in die Liegestütze! 50 Stück!“, brüllte er mich wie ein Irrsinniger an. Vielleicht waren es noch knapp zwanzig Liegestütze. Für mehr reichte meine Kraft einfach nicht mehr aus. Meinen Versuch zu sagen, dass ich es nicht mehr schaffen würde, würgte er ab.
„Halten Sie Ihre Klappe, Jugendlicher Peickert! Solchen Scheißkerlen wie euch werden wir das hier schon beibringen“, schrie er mich schroff an.
Seine Gesichtsfarbe bekam ein immer bedrohlicheres Wutrot und sein Vokabular erlebte einen dramatischen Abfall zum Vulgarismus.
So verging einige Zeit mit Beschimpfungen aller Art, Entengang mit vorgehaltenem Holzhocker, Häschenhüpfen, Liegestützen, Hockstrecksprüngen und Kniebeugen mit vorgehaltenem Holzhocker. Nach einiger Zeit, die auch in dieser Situation die Unart an sich hatte, nicht vergehen zu wollen, war ich bereits völlig erschöpft, und mir knickten während der Liegestütze die Arme einfach weg. Ich lag nach Kräften ringend am Boden. Im Kopf hatte ich nur noch gelbe Männchen, die wild mit mir kommunizierten. Ehe ich auch nur ansatzweise begreifen konnte, was mit mir geschah, bekam ich einen Eimer eiskaltes Wasser über den Körper geschüttet, weil ich eben nicht gleich wieder hochkam.
Wie soll man ein Gefühl beschreiben, wenn es einem den Rücken zerreißt, wenn man gleichzeitig wie ein Irrer angebrüllt wird und trotzdem versuchen muss, seine Sinne beieinander zu halten, um nicht völlig auszurasten? Dieses „uns zur Sau ma-

chen", wie wir es nannten, wurde natürlich weiterhin von Beschimpfungen aller Art begleitet.
Auf diese Tortur ist man als 15-Jähriger nicht vorbereitet, und es gräbt sich nachhaltig in alle Sinne. Nach Beendigung dieser ersten sportlichen Erziehungsmaßnahme musste ich natürlich den Flur reinigen und trocken wischen.
Am ersten Tag brauchte ich noch nicht auf den Hof hinaus, da sie wohl befürchteten, dass ich diesen ersten Sportgang in der eisigen Kälte nicht unbeschadet überstehen würde. Ich begriff sehr schnell ihre Art, wie sie gezielt physische Gewalt ausübten.
Sie wollten mich Leiden sehen!
Sie wollten uns bewusst Schmerzen zufügen.
Schmerzen, die keine äußeren Auffälligkeiten hinterließen und trotzdem furchtbar wehtaten.
Schmerzen, die große Angst verursachten und die dich willenlos und gefügig machen sollten.
Einem Trauma gleich wurde der Einweisungssport in Torgau zu einer physischen und psychischen inneren Zertrümmerung.
Mit einer ganzen Menge schäbiger Formulierungen bekam ich vorgehalten, was für ein Schwächling ich sei, und sie würden aus mir schon noch einen erziehungsbereiten Jugendlichen machen. Natürlich führten körperlich vorher nie erreichte Grenzen letztendlich zu meiner völligen Erschöpfung.
Ich war nie der Erste, wenn es unter uns Jugendlichen zur Sache ging. Hier sollte ich erfahren, wie man einen ansonsten durchaus robusten jungen Menschen klein und kaputt machte, ihn tief unten ankommen ließ und in die Verzweiflung trieb.
Diesem Zustand sehr nahe, ging es zur Dusche.
Mit dem Hinweis darauf, mein Sportpensum nicht ausreichend erfüllt zu haben, müsste ich mit kaltem Wasser vorlieb nehmen.
Der Duschraum war auch für die damaligen Verhältnisse ein ausgesprochen ekelerregender Dreckstall, was bei meinem ro-

busten Lebensgefühl einiges zu bedeuten hatte. In Torgau bekäme jeder nur das, was er verdiente.
Nach keinen fünf Minuten Duschzeit mit Kernseife befand ich mich kurze Zeit später wieder in meiner Zelle. Dort bekam ich von einem schweigend herbeikommenden Insassen, dessen Blick zum Boden gesenkt blieb, einen kleinen Teller mit drei belegten Scheiben Brot auf den Hocker gestellt. Eine daneben stehende hässliche, braunbehenkelte Plastetasse war mit Wald- und Wiesentee gefüllt.
Zur Verhinderung eines Hungerstreikes musste ich unter Aufsicht des Erziehers sofort alles im Stehen verzehren. Auch dies hatte im allerhöchsten Tempo zu geschehen. Essen galt nur als lebenserhaltende Maßnahme und hatte nichts mit zivilisierter Lebensfreude zu tun. Wer bei guten Kräften war, den konnte man auch gut schikanieren!
Bis zur Nachtruhe verblieb noch einige Zeit, sodass der Hocker draußen vor der Zelle abgestellt wurde und ich noch diese Zeit, mit dem Gesicht zur Arresttür stehend in der Zellenmitte verbringen musste. In der knapp ca. zwei mal drei Meter bemessenen Zelle erwartete ich die Nachtruhe. Das physische Desaster wirkte in meinem Kopf nach, und der Krieg meiner Gedanken fand seine Fortsetzung, der sich in einer furchtbaren Dimension in meinem Kopf festsetze und mich dauerhaft in all meinem Tun begleiten sollte.
Es gab und ich wollte auch keinen Frieden mehr!
In der schnell aufkommenden Dunkelheit wurde von draußen ein diffuses Zellenlicht eingeschaltet.
Es gibt es, das finstere Licht! Alles, was ich zuvor über Torgau erfahren hatte, war ja beängstigend genug gewesen. Aber das gerade Erlebte machte mich in jeder Hinsicht fassungslos! Weder das Geschehen, noch der Zustand, in dem ich mich befand, ist einem, der nicht dabei war, zu vermitteln.

Als junger Mensch hat Zeit eine andere Dimension. Das Ticken der Uhren in der Jugend ist jenes tolle Gefühl der Unendlichkeit, sich in ein Mädel und alles Schöne auf dieser Welt für ewig zu verlieben. Die Vorstellung, alles mir jetzt Widerfahrene für die Ewigkeit eines halben Jahres durchhalten zu müssen, war für mich absolut niederschmetternd. Es gab nie wieder in meinem Leben etwas, das mich mit einer so zerstörerischen Kraft heimsuchte. Der Teufel bekam einen neuen Bruder.

Das Torgauer Päckchen

Noch mit dem Blick in Richtung Tür stehend und vor mich hin sinnend wurde irgendwann plötzlich die Zellentür wieder aufgerissen. Meine nach wie vor noch nicht sehr korrekte Meldung nach dem Öffnen der Arresttür musste ich sofort mit einer Einheit Liegestütze noch einmal üben. Schnell musste ich lernen, mich dem gnadenlosen Drill durch Gehorsam und perfekt umgesetzter Regelkenntnis zu entziehen.
Es konnte immer nur ein Versuch sein, denn wie ich bald begreifen sollte, spielte das bei schlecht gelaunten Erziehern grundsätzlich keine Rolle. Eine letzte Schikane vor dem Schlafen, dachte ich noch und sollte mich auch hier mehr als irren. Es hieß: „Raustreten! Fertigmachen zur Nachtruhe!"
Die Vorstellung, mich einfach zu entkleiden, um mich dann auf der Pritsche schlafen legen zu können, war so einfach wie falsch. Das Ablegen von Kleidung zu einem Akt verzweifelten Mühens zu machen, wurde hier zu einer weiteren besonderen Schikane für Neuankömmlinge gestaltet. Hemd, Jacke, Hose und sonstige Bekleidungsstücke mussten in vorgegebener Form zu einem Päckchen aufgebaut werden. Auf dem Hocker liegend, hatte jedes Stück Kleidung in der Vorderansicht ein gleichgro-

ßes Quadrat in Höhe und Breite zur darunterliegenden Kleidung zu ergeben. Die Kanten mussten scharf geformt sein. Die Knopfleisten mussten mittig korrekt mit einer Mittellinie nach unten ziehend, platziert werden. Knöpfe waren gesamtmittig zum Quadrat anzuordnen. Diese Prozedur musste auf dem Boden kniend ausgeführt werden. Mit dem zynischen Hinweis fehlender Zeit musste ich dies alles unter höchstem Tempodruck bewerkstelligen. Da es mir schier unmöglich war, diese Vorgaben beim ersten Mal zur vollsten Zufriedenheit des Erziehers auszuführen, natürlich lag es in seinem Ermessen es nie zu schaffen, durfte ich es jeweils mit einer Einheit Liegestütze, die das Lernen erleichtern sollte, mindestens sechsmal wiederholen.

Eine weitere Besonderheit bestand darin, dass die unterste, nicht korrekt zum Quadrat gepackte Jacke, als nicht korrekt erst dann bemängelt wurde, wenn man mit dem gesamten Päckchenbau fertig zu sein glaubte. Mit einem sich im gerade aufgebauten Wäschepäckchen einhakendem Finger wurde alles mit verächtlich begleitenden Blick auf die Erde geschmissen.

Es folgte der zynische Hinweis: „Solcher Art Schlampigkeit ist in Torgau ganz und gar nicht üblich und Sie werden ausreichend Zeit und Gelegenheit erhalten, es zu erlernen."

Die in mir aufkochende Wut, dass er mich so nach Belieben demütigen konnte, schien dem Erzieher sichtbares Vergnügen zu bereiten. Er wusste sehr genau, dass nach einiger Zeit auf den Fliesen am Boden kniend die Schmerzen zunehmend das Gemüt drangsalierten. Er schien darauf zu warten, dass ich ausrastete, um mir eine noch härtere Lektion erteilen zu können. Ich hatte zum einen eine Ahnung, was er mit mir anstellen würde, wenn ich die Beherrschung verlieren würde. Andererseits war mein Widerwille groß genug, diesen Triumph seiner Machtgier über einen Schwachen nicht zuzulassen. Es sollte noch viele Momen-

te geben, in denen ich hier in die seltsame Gemengelage von Emotionen geraten sollte, die sich aus Angst, Wut und Verkriechen zu einem seltsamen Gemütszustand vermischten.
Man benötigt viel Zeit, diese Dinge später aus dem eigenen Befinden zu lösen, wieder die Freiheit zu haben, das eigene Wesen einfach leben zu lassen. Die Welt danach spielte aber in jenen Momenten keine Rolle. Da überwältigte mich die Wucht seiner Macht, und ich musste sehen, wie ich damit fertig wurde.
Man kann auf die Wiedergabe aller unflätigen Bemerkungen verzichten, die dieses demütigende Schauspiel begleiteten. Sie trugen jedenfalls nicht zur Bildung einer gepflegten Sprachkultur bei. Jedem Krieg auf dieser Welt geht dieser irrsinnige Ordnungsdrill von Tyrannen an Untergebene voraus. Man lässt erst die Seelen sterben, um sich dann an den Körpern schadlos zu halten. So war es auch in diesem Osten – also nichts Neues. Immer in meinem Rücken stehend, ließ der Erzieher J. mich auch keinen Moment aus den Augen.
In unseren beiden Köpfen waren böse, böse Gedanken…
Als nach langer Zeit trotz der angeblichen Eile irgendwann dieser sich ins Endlose ziehende Irrsinn des Päckchen-Bauens beendet war, bekam ich ein Nachthemd. Ich musste die Turnhose noch entsprechend ablegen und zurück in die Zelle treten. Eine hässliche Filzdecke wurde mir als ausreichende Bettwäsche gereicht. Platziert und stramm in der Mitte stehend, hatte dann von mir die Meldung zu erfolgen: „ Herr Erzieher J., Jugendlicher P. in Zelle 23 ist fertig zur Nachtruhe. Es gibt keine besonderen Vorkommnisse. Es meldet Jugendlicher P."
Ein sehr zynisch folgendes „Gute Nacht, Jugendlicher P.", war mit einem strammen „Gute Nacht, Herr Erzieher!" umgehend zu erwidern.

Die erste Nacht in Torgau

Mein Körper und Geist schienen schon längst tot, und mir stand eine lange, grausige Nacht bevor. Auf der harten Pritsche unter dieser filzartigen Decke liegend, versuchte ich mehr unbewusst, mich innerlich wieder „einzukriegen". Mein tiefstes Inneres schlug in Gedanken wild um sich. Die eine Hand verbrannte im Feuer und die andere gefror im Eis. Die in meiner explodierenden Wut zerrissenen Bilder in meinem Kopf hatten etwas mit „die Schweine totschlagen und zertreten" zu tun.

Es war nicht mehr dieses banale jemandem sagen: „Du bist doof." Vulgärvokabular bekam einen völlig neuen, sehr gefährlichen und konkreten Sinn. Es war nur die Angst davor, was sie mit mir machen würden, nachdem ich nun wusste, wozu sie fähig waren, wenn ich völlig ausrastete, die mich letztendlich zurück hielt, das zu tun, was ich dachte.

Ich habe nicht gedacht, es nicht zu tun.

In Gedanken fand ich überall ein Messer oder einen anderen spitzen Gegenstand, mit dem ich in meinen Vorstellungen absolut bereit war, furchtbare Dinge zu tun, wenn es so weitergehen würde wie bisher. Eine vorher nicht gekannte, irre Abstrusität in meinem Kopf entwickelte sich zu einer dauerhaften, fast nicht mehr zu bändigenden, kochenden Wut und Gewaltbereitschaft. Die Zeitlosigkeit dahindümpelnder, nächtlicher Dunkelheit mit regelmäßiger Kontrolle am Türspion trieb meine Gedanken unkontrolliert und nicht mehr wirklich steuerbar in das Reich der Gewalt. Bis zu diesem Zeitpunkt hatte mein Leben mit Gewalt in dieser Dimension keinerlei Berührung. Das, was an üblichem Lausbuben- und Lümmelpotential vorhanden war, unterschied sich in meinem Verhalten nicht von dem anderer. Jetzt änderte sich meine Bereitschaft und Hinwendung zur Gewaltanwendung dramatisch. Mein Hass nahm die Ausführung

von Gewalt in meinen Gedanken unter Vorsatz. Mein Charakter entwickelte sich zu einem nicht entwirrbaren Knäuel von Angst, Widerspenstigkeit und wütender Verzweiflung. Das sich so in meiner Phantasie der Wut aufbauende Horrorszenario war vielleicht auch ein mich damals rettender Mechanismus der Psyche, es nicht zum Ausbruch kommen zu lassen.
Langsam schlich sich jetzt eine furchtbare Kälte in meine Glieder, die mir klar machte, dass sie mich nur mit einer einfachen Filzdecke in die Nacht dieser Zelle entlassen hatten.
In der Einsamkeit des Dunkels liegend, hatte ich eine vorher noch nicht gekannte bizarre Stimmung in meiner Seele. Meine Tränen waren kleine Steine, die ich, mehr rebellisch als traurig, nicht mehr aufhalten konnte und irgendwann wollte der Körper dann doch nur noch schlafen.

Der 23. Dezember 1971

Ein schriller und lauter Weckschrei „Nachtruhe beenden!" durchdrang die schwere Zellentür und riss mich aus dem Schlaf. Ich brauchte einige Zeit um die Realität zu erkennen, die mich umgab. Die Zellenwände schienen geradezu auf mich einzustürzen, und für einige Augenblicke fühlte ich mich nur wie in einem bösen Traum. Dann blickte ich zur Zellentür und die Realität bekam langsam ihre bösen Konturen.
Es war kein böser Traum!
Auch wenn mir von dem brutalen Sport vom Vortag noch alle nur erdenklichen Knochen und Glieder schmerzten, war dies kein Problem im Gegensatz zu dem, wie sich mein Kopf und meine Seele fühlten, nachdem ich nun wieder im Vollbesitz meiner geistigen Kräfte war.

Zu dieser ganzen Trostlosigkeit meiner Situation verspürte ich auch die tatsächliche Kälte der Zelle, und ich versuchte, mich noch ein wenig mit dieser filzartigen Decke zu wärmen.
Ununterbrochen irrten meine Blicke an den grauen Wänden entlang. Ich sah dieses Gitterfenster und dann wieder diese Zellentür. Außerdem war diese Zelle ein einziges Dreckloch. Mein Kopf konnte und wollte einfach nicht begreifen, dass dies alles Wirklichkeit war. Mein Körper hätte auch nicht so viel Nahrung aufnehmen können, die ausreichend gewesen wäre, mich so zu übergeben, wie ich mich fühlte.
Es dauerte dann auch nur wenige Augenblicke, bis die mit mir eingeschlafene Wut ebenfalls wieder erwachte. Lange Zeit sollte ich nicht den geringsten Anlass haben, diese Wut aus meinem Leben zu entlassen.
Auf dem Flur hörte ich nun ein hektisches Hin und Her, so dass es mit meiner „Ruhe" auch vorbei war. Irgendwie versuchte ich zu verstehen und wahrzunehmen, was dort vor sich ging. Es waren Geräusche von krachend in Schlösser fliegenden Schlüsseln, emsiges Getrampel, lautes, fast schreiendes Durchzählen, eine Reihe hart gebrüllter Kommandos und befehlsartige Anweisungen, die den Flur überdröhnten. Es war ein Geräuschgemenge, das die eigene Fantasie zu einem Gruselkabinett werden ließ.
Mein erster Morgen in einer irren, fremden Welt.
Nach diesem furchteinflößenden Getöse aus Meldungen und Kommandos aller Art war das „Abrücken zur Arbeit" das letzte, laut gebrüllte und wahrnehmbare Kommando. Ich hörte noch, wie sich eine Gruppe von Menschen mit einigem hektischen Getrampel entfernte. Ein Schlüssel schepperte noch einmal kräftig und schlagartig zog eine gespenstige Ruhe auf.

Schamlos

Augenblicke später...

... hörte ich plötzlich in diese Ruhe hinein ein paar Schritte näher kommen, und schon krachte an meiner Zellentür ein Schlüssel ins Schloss. Scheppernd flogen die Riegel zur Seite. Die Zellentür wurde wieder regelrecht aufgerissen. Mit meinen noch völlig wirren und orientierungslosen Sinnen versuchte ich strammstehend die mir vorgegebene Meldung stotternd über meine Zunge stolpern zu lassen: Ich habe die Nachtruhe beendet, es gab keine besonderen Vorkommnisse und ich wünsche dem Erzieher einen guten Morgen.

Da ich über keine Zeitangaben verfügte, mag es die siebente Stunde gewesen sein. Hart und trocken hieß es: „Raustreten zum Frühsport!“

Gleichzeitig wurde ich barsch angewiesen, den stinkenden Eimer mitzunehmen. Den hätte ich ja schließlich vollgemacht. Wer sonst?

Es ist ein unglaublich schäbiges Gefühl, Kinder zu zwingen, ihre Notdurft auf einem Eimer verrichten zu müssen, der mit Wasser und furchtbar stinkendem Chlorkalk gefüllt ist. Ich habe immer zum Spion geschaut, dass mich ja keiner dabei durch den Spion dabei betrachtet. Selbst hier hatte man das Gefühl, bei etwas Verbotenem ertappt zu werden. Nicht davon zu reden, das man sich auch keine Hände danach waschen konnte.

Ich werde nie verstehen, wie Menschen bereit sein können, einen solchen Dienst an jungen Menschen auszuüben, wo doch selbst ihr eigenes Schamgefühl zu tiefst erröten müsste, an derartigem Handeln beteiligt zu sein, egal wann, wie, wo und warum! Mit einem nicht zu beschreibenden Gefühl innerer Leere versuchte ich irgendwie alles zu verrichten, wie es mir angewiesen wurde.

Eishände

Der Hoffnung ist der Irrtum innewohnend, der Erfüllung die Gewissheit.

Was ich natürlich nicht wusste, wurde mir jetzt schnell klar gemacht. In Turnhose und Turnschuhen musste ich bei etlichen Minusgraden zum ersten Mal den Hof betreten, denn auch Neulinge mussten grundsätzlich zum Frühsport auf den Hof hinaus. Jetzt wurde ich wirklich wach!

Beherrscht von dem Gedanken, wie mich ihre Welt ankotzte!

Ich redete mir schnell noch etwas wackeren Mut ein und wollte auf gar keinen Fall feige sein und wappnete mich für das, was da jetzt wohl kommen würde.

Mich empfing ein bis dahin noch nie erlebter Kälteschock. Dieser Temperaturterror in einfacher Turnhose war ihre Peitsche, dich beim Sport voranzutreiben. Sie nannten es süffisant einfach nur „Abhärtung". Frieren verlor seine eigentliche Bedeutung gemessen an dem, wie ich dort stand und meine Zähne klappernd aufeinanderschlugen. Für einen Moment glaubte ich, dass der Erzieher nicht wusste, wie kalt es war, und es würde schnell wieder reingehen. Eigentlich hätte er ein Gotterbarmen bei dem Anblick meiner bibbernden Gestalt haben müssen, aber es sollte das letzte Mal sein, das ich in meinem Glauben innerlich Mitleid von ihnen erwartete.

Manchmal bringt das Hoffen mehr Verzweiflung, wenn die eigene Stärke die größere Gewissheit ist, den Widernissen mit eigener Kraft begegnen zu können.

Da stand ich nun in diesem Hof.

Eine graue, schmuddelige Mauer malte mir den Horizont in ca. vier Meter Höhe ohne Ferne. Der geradlinige Verlauf der oberen Mauerkante wurde durch im Putz eingemauerte Glasscherben auf bizarre Weise gezackt. Blitzartig hatte ich eine sehr „schnit-

tige Vorstellung“ von einer Flucht über diese Mauer.
Instinktiv denkt man in solch einer Situation immer gleich über eine Fluchtmöglichkeit nach, aber das schien hier alles aussichtslos. Schnell wandte sich mein Blick wieder dem ebenen und auch sehr verdreckten Hofareal zu. Sich nach rechts ausbreitend, war ein breiter Kohlehaufen von einer ca. einen Meter hohen Betonwand umgeben. Rechts gegenüber entlang der Mauer befand sich eine militärische Sturmbahn, von der man in Erzählungen von Ehemaligen viel Leid gehört hatte. Da lag sie nun unmittelbar vor mir. Linker Hand verjüngte sich der Hof. Im Rücken zog sich über den gesamten Hof, in finsteren Grautönen, das Gebäude mit seinen vergitterten Fenstern.
Ein klassisch, gruseliger Gefängnisbau.
In diese nur wenige Sekunden andauernde, kurze Wahrnehmung hinein, kam mit einem Fingerzeig und laut gebrülltem „Dort lang!“ die Anweisung, wo der Eimer sofort zu entleeren sei. Widerspruchslos folgte ich der Anweisung und leerte den Eimer. Der Gestank der Grube korrespondierte mit der Kälte und mir war nicht so ganz klar, was meinen Widerwillen mehr herausforderte.
In klirrender Kälte erfolgte dann strammstehend die geforderte Meldung, dass ich zum Frühsport angetreten sei und es keine Vorkommnisse gäbe und dies der Jugendliche P. melde.
Mit zwanzig Hofrunden musste ich zu meinem Erschrecken den Frühsport beginnen.
Als altgedienter Erzieher wusste dieser Herr J. sehr genau, was er mir damit antat. Ziemlich erschöpft und in der Hoffnung, dass dies und nicht mehr gemeint war, wurde ich eines Besseren belehrt. Herr Erzieher J., der sich mit besonderer Hingabe seiner süffisanten Stimme bediente und in gleichbleibender, zur Schau getragener Behäbigkeit so tat, als sei dies doch alles gar nichts, entfaltete so seinen gesamten widerwärtigen Charakter.

Mit seiner dem Wetter scheinbar angepassten Gefühlskälte ließ er mich jetzt den berühmten „Torgauer Dreier“ kennenlernen. Das hieß, ich musste mit jeweils zehn Liegestützen, zehn Hockstrecksprüngen und zehn Kniebeugen beginnen. Die Schmerzen in den Händen während der Liegestütze auf dem über Nacht gefrorenen Boden lassen sich kaum beschreiben. Dann wiederholte sich das Ganze mit jeweils 20, 30 und 40 Einheiten.
Bei mir als Neuling ließ er es bei der 50 bewenden. Der Erzieher J. war besonders auf die korrekte Ausführung jeder einzelnen Übung bedacht, was ich durch etliche Wiederholungen schmerzhaft erfahren konnte. Zum Abschluss hieß es noch einmal zwanzig Runden um den Hof.
Und ob er sich daran geweidet hat, mich in der Kälte dahin schleichen zu sehen!
Kaputt und fertig mit meinem Körper und der Welt durfte ich einrücken, nicht ohne strammstehend die Meldung gemacht zu haben, dass ich den Frühsport beendet hätte, es keine besonderen Vorkommnisse gab und dies der Jugendliche P. melde.
Das geforderte Pensum Sport entsprach bei keinem Neuling seiner Leistungsfähigkeit. Da Neuzugänge und Arrestanten den jeweiligen Strafsport allein unter Aufsicht der Erzieher ausführen mussten, wird wohl so manches Martyrium junger Menschen ein ewiges Geheimnis der Täter bleiben. Pure, nackte Angst war der Motor, der einem zu Dingen befähigte, die unter normalen Umständen kein Körper zu leisten imstande gewesen wäre. Und selbst das war nicht genügend, ihrer Willkür zu entkommen.
Unter der permanenten, scharfen Aufsicht musste ich mich waschen, ankleiden und meine Zelle „tagfertig“ machen, wie sie es nannten. Das hieß, die Pritsche musste hochgestellt werden, frisches Wasser mit Chlorkalk musste ich selbst in den Eimer füllen. Das war nur eine aufgefrischte Variante ekligen Gestankes. Die Schlafdecke, Schlafanzug und Turnhose wurden im perfekt

gebauten Päckchen vor der Zelle auf dem Hocker ablegt. Das Frühstück wurde genau wie das Abendbrot gereicht und ebenfalls unter Aufsicht sofort im Stehen verzehrt.
Es folgte der Zelleneinschluss.
Von jetzt an hieß es, in der Zelle vor sich hinzudümpeln und der Dinge, die da kommen mögen, zu harren.
Der viermonatige, sinnentleerende Aufenthalt im Durchgangsheim Potsdam, auch das war eine menschenverachtende Erziehungseinrichtung des DDR-Systems zur vorrübergehenden Unterbringung junger Menschen, hatte mich gelehrt, mich mit großer Ausdauer mit dem Nichtstun beschäftigen zu können. Ich wusste schon, wie man einige Brotkrümel im Mund behält, auch wenn sie der Hunger gierig runter schlingen will, um sie dann zu kleinen Kugeln zu formen und trocknen zu lassen. So hatten die Finger immer etwas zu spielen.
Etwas, was die Finger hin und her bewegen konnten.
So lief ich nicht wirklich Gefahr, an Langeweile zu verzweifeln, auch wenn alles öde und fade war.
Natürlich dachte ich in meiner Wut immer daran, nicht nur die Zeit totzuschlagen. Ein unkontrollierter Ausbruch aggressiver Gewalt lag immer sehr nahe. Es war nicht mein Verstand, der dies verhinderte. Ich dachte nur noch in Kategorien wie Dreckschweine und Mistkerle. Insofern war der in der Zelle fehlende Hocker zum Schmeißen auch ein weiterer Unglück verhindernder Umstand.

Unterbrechung der Langeweile

Die Zeit schlich nur so dahin, und es mag später Vormittag gewesen sein. Gelegentlich hörte man Schritte über den Flur eilen, und ich wusste nicht so richtig, ob das Öffnen der Tür mit Hoff-

nung oder irgendwelchen irren Aktionen verbunden war.
Dann plötzlich war es soweit: Die Schritte blieben wieder vor meiner Zellentür stehen, Riegel und Schlüssel schepperten und die Zellentür wurde wuchtig aufgerissen.
Meine Meldung entgegennehmend, hieß es: „Raustreten!"
Damit meinte man, dass ich mich stramm neben der Zellentür aufstellen sollte und mich nur dann fortbewegen sollte, wenn es einen konkreten Befehl gab. Jeder unbefohlene Schritt wurde als Angriff auf den Erzieher ausgelegt und hatte schlimme Strafen zur Folge. Die Schonfrist für diese Art Fehler im Reglement wurde sehr kurz gehalten.
Ich wurde zu einem „Einweisungsgespräch" zum Direktor gebracht. Auf dem Gang zu ihm legte dieser Erzieher Herr J. mir nahe, mich anständig zu benehmen, und ich solle gefälligst kein vorlautes Mundwerk haben.
Der nur an einem halben Tag zuvor an mir verübte Drill war mehr als furchtbar gewesen, doch er hatte auch nicht die erhoffte Wirkung erzielt. Angst, mit all ihren Facetten, hatte ich natürlich wie jeder andere. Sie konnten aber nicht meine große Empörung gegen dieses Drangsalieren, Beschimpfen und Einsperren unterdrücken. Ich war kein Dieb, kein Schläger und kein Randalierer. Sie hatten von keinem Richter in ihrem System einen Urteilsspruch, der ihnen auch nur ansatzweise das gestattete, was sie mit mir und anderen taten. Mein Zorn darüber war meine Mauer, die für sie nie überwindbar wurde.
Also gab ich dem Erzieher auf diesen Verhaltenshinweis auch keine Antwort. Dieser Mann und dieser Direktor waren für mich absolut wildfremde und in jeder Hinsicht bösartige Menschen. Sie schlugen auch den, der am Boden lag. Das war uns, die wir roh, frech und wild waren, fremd. Den Ehrenkodex unter uns Jungen zu jener Zeit, dass man nach erhaltener Strafe eine Art Absolution erhielt und es auch gut war, gab es für diese

Männer nicht. Ihr Ziel und Handeln war fortwährendes Drangsalieren ohne jeden Grund.

Das hat wohl in Torgau keiner je anders erlebt.

Sie hatten aus Akten, die von Menschen wie ihresgleichen geschrieben worden waren, irgendetwas über mich gelesen, wenn überhaupt. Dieser Direktor wusste nicht, dass ich als Kind jede Woche in meinem alten Zuhause für nichts von erziehungsunfähigen Eltern halbtot geprügelt worden war. Die Jugendhilfe, zu der ich einige Male musste, hatte über diese katastrophalen Familienverhältnisse, in denen ich aufwuchs, genauestens Bescheid gewusst und hatte nichts unternommen. Ich erinnere mich, immer von der Dame im Beisein meiner Mutter gefragt worden zu sein, ob es mir zu Hause gutgehe.

Nun, Angst und Antwort waren unter diesen Umständen eng miteinander verknüpft. Ich wusste, wie der Dienstkoppel von der Polizeiuniform meines Stiefvaters auf nackter Haut über den Hocker gebeugt stehend, einschlägt. Als Strafvollzugsbeamter transformierte er seine dortige Verrohung ins Familienleben hinein. Er war dort unter dem Spitznahmen „Kanten" berühmt und berüchtigt. Meine durch die Angst limitierte Gefügigkeit war zeitlich umso kürzer, je mehr Gewalt zur Dauerkommunikation der Erwachsenen mutierte.

So gingen also eine recht raue Kindheit, Kinderheim, Durchgangsheim Potsdam und der Jugendwerkhof Hummelshain als prägende Erlebnisse dem Jugendwerkhof Torgau und diesem Gespräch voraus. Es war jene Zeit, in der der Begriff Glück für mich schon erfüllt war, wenn ich nicht wegen Banalitäten geschlagen und bestraft wurde. Allein die Tatsache, mit mir unter den jetzigen Umständen ein Gespräch führen zu wollen, war für mich völlig absurd. Was zum Teufel wollte dieser Direktor eigentlich mit mir reden?

Limitierte Angst

Im Dienstzimmer des Direktors angekommen, bekam ich einen Stuhl zugewiesen und wurde mit der Frage empfangen, wie es mir ginge. Das wollte er doch nicht wirklich wissen?!
Ich hatte inzwischen zwei Jahre Heimerfahrung aller Art hinter mich gebracht. Ich hatte alle möglichen Erzieher und Leiter erlebt, wusste was und wie sie redeten und was sie meinten. Ich dachte also wirklich nur noch „So ein blöder Heini!" – was sonst. Meine Antwort auf diese zynische Frage würde den weiteren Gesprächsverlauf und meine Aufenthaltslänge in Torgau natürlich nur zu meinen Ungunsten gestalten.
Innerlich fassungslos ob des Erlebten seit meiner Ankunft in Torgau sagte ich ihm, dass ich nicht verstehe, was sie hier mit mir machten, aber da sie mich ja nicht länger als sechs Monate dabehalten könnten, werde ich das schon aushalten. Außerdem, nach alldem was ich bisher erlebt habe und überhaupt, mich zwei Tage vor Weihnachten hier einzusperren und mich so zu behandeln, da fühlte ich mich natürlich mit dieser Frage mehr als verarscht.
Er war auf dieses nach seiner Meinung von mir sehr dreiste Auftreten sicherlich nicht vorbereitet gewesen. Ein heftiger Wutausbruch über mein aufsässiges und rebellisches Verhalten war seine sofortige Reaktion. Im harten Ton folgte die Zurechtweisung, dass ich mir das alles selber zuzuschreiben hätte.
Woraufhin ich, durchaus mit großer Angst, fragte, was ich überhaupt verbrochen hätte, dass sie mich hier eingesperrt halten konnten. Schließlich sei ich kein Dieb und kein Schläger. Ich hatte niemanden beklaut oder ähnliches getan. Nach dem lakonischen Verweis, dass alles in den Akten stünde, folgte meine nicht einmal provokant gemeinte Frage, ob ich die Akte einmal lesen könne.

Mit einem kurzen, wütenden Stutzen wurde es natürlich nicht gestattet. Diese Akte ginge mich überhaupt nichts an!
Nach seiner Kenntnis seien in Torgau ohnehin alle unschuldig...
Zornige Wut, die in seinen fast zugekniffenen Augen heraustrat, war seine armselige Alternativantwort (ich dachte es mit anderen Worten) zu fehlenden, klaren und konkreten Anschuldigungen. Meine nach außen hin wirkende Trotzigkeit, die eher Angst vor allem Möglichen war, verkürzte wohl ein ursprünglich anders geplantes Gespräch sehr. Abrupt das Thema wechselnd, wurde mir jetzt in aller Kürze mitgeteilt, sozusagen offiziell, dass ich mindestens drei Monate zu bleiben hätte. Es liege einzig und allein an meiner Führung und Erziehungsbereitschaft, drei, vier, fünf oder gar sechs Monate hierbleiben zu müssen. Ansonsten sei es in Torgau üblich, die ersten drei bis vier Tage zur „Eingewöhnung" in der Zugangsverwahrung zu verbleiben. Mir war durchaus klar, dass er damit auch Weihnachten meinte. Aber das war mir damals so was von „scheißegal" – ich war ohnehin schon reich beschenkt!
Die Entscheidung über die Verbleibdauer in Torgau würde jedem Jugendlichen nach vier Wochen bekannt gegeben. In dieser Zeit könne man beweisen, ob man erziehungswillig und fügsam sei. Damit war das Gespräch beendet.

Der pädagogische Nachtisch

Der mich begleitende und während des Gespräches anwesende Erzieher Herr J. war über meinen Auftritt beim Direktor auf das Äußerste entrüstet und gab mir auf dem Rückweg zu verstehen, dass er von mir etwas anderes erwartet hätte. Ich bekäme jetzt aber sofort Gelegenheit, mich für das nächste Mal zu bessern. Nach einem so aufsässigen Verhalten müsse er mit mir erst ein-

mal üben, wie ich mich vor allem gegenüber dem Direktor zu benehmen hätte.
Also ging es nach dem Umkleiden in Sportsachen sofort auf den Hof zu der ohnehin täglich anstehenden Einweisungssportrunde für Neuzugänge.
Über meine ehrliche Meinung, und darin bestand die Tragik, hatte dieser Erzieher Herr J. eine völlig andere Wahrnehmung. Unabhängig von seiner Einschätzung war eben jedes Wort zuviel und grundsätzlich falsch und selbst Schweigen wäre als Bockigkeit und Widerspruch interpretiert worden.
Jedes Sich-nicht-Selbstverleugnen war ohnehin Rebellion. Zumal ich der Meinung war, dass ihn dieses Gespräch und dessen Verlauf grundsätzlich nichts angingen und es meine Angelegenheit sei, was ich mit diesem Direktor beredete. Außerdem war ich zu diesem Gespräch gezwungen worden, obwohl ich ihnen letztlich auch nichts zu sagen hatte und auch nichts sagen wollte.
Keine Akte eines Heiminsassen gibt wieder, dass die Fragen nach einem Warum für dieses und jenes kein aufsässiges Verhalten waren. Dinge nur anders zu sehen, war schon Grund genug, um dieses scheinbar renitente Verhalten zu dokumentieren. Die über uns geschriebenen Eintragungen in den Akten waren ihre Sichtweise, und dagegen konnte sich keiner wehren. Insofern war alles Tun müßig und sinnlos. Sie gaukelten sich nur selber etwas vor, wenn sie uns in Wort und Gedanken durch die Macht der Gitter manipulierten und glaubten, sie könnten uns erziehen. Sie weideten sich mit ihrer Macht an 15- und 16-Jährigen jungen Menschen und machten sie zu Klassenfeinden, wenn sie den geforderten Anschauungen nicht folgten. Sie sperrten mich ein und erwarteten eine Heuchelei ihrer Gesinnung – es war eine Schmierenkomödie, selbst hinter Gittern.
Nun, jetzt sollte ich erst einmal mit aller Deutlichkeit zu spüren

bekommen, was hier mit jemandem geschieht, der beim Direktor „seinen Mund zu weit aufgerissen hatte.“

Der Stocktanz

„So, Jugendlicher Peickert, jetzt wollen wir mal sehen, ob sie beim Sport auch noch so ein großes Maul haben wie beim Direktor! Dann mal ab, 25 Runden Steigerungslauf! Anschließend einen ordentlichen Torgauer Dreier und 25 Abschlussrunden, aber dalli!“

Und dann würde er doch mal sehen wollen, ob ich das nächste Gespräch beim Direktor mit derselben aufsässig großen Klappe führen würde wie das erste.

Mit meinen ersten Erfahrungen vom Vortag legte ich meine ersten Runden hin. Dabei sollte ich alle fünf Runden das Tempo deutlich sichtbar steigern. Da ich mit dieser Forderung nicht ganz klar kam und ich einfach so rannte, wie es eben ging, brüllte er nach den ersten fünf Runden, dass ich mein Tempo erhöhen solle. Ich bemerkte leider nicht, wie er, als ich an ihm vorbeilaufend den Rücken zukehrte, seinen Gummiknüppel herausholte und mir diesen beim nächsten Vorbeirennen ziemlich hart in den Rücken schlug.

Es war einfach nur ein höllischer Schmerz.

Und wenn ich das Tempo nicht wie gewünscht alle fünf Runden steigerte, könnten es noch einige von diesen Schlägen werden.

Es gibt Seelenzustände, die nennt man Mordlust...!

Allein die Tatsache, dass er einfach nach Belieben auf mich einprügeln konnte – es war auch niemand weiter auf dem Hof – machten mir klar, in welch gefährlicher Situation ich mich befand. Ich konnte nicht zurückschlagen, da es schier unmöglich war, über diese Mauer zu flüchten. So versuchte ich so an ihm

vorbeizurennen, das der Begriff Schlagdistanz einen völlig neuen Sinn bekam. Ich steigerte mein Tempo auch nicht wirklich, tat aber so, als strenge ich mich unheimlich an.
Nach gefühlten zwei Stunden Rennen, Kniebeugen, Liegestützen und Strecksprüngen in eisiger Kälte und seinem fast wütend wirkenden, sinnlosen Rumgebrülle waren meine Kräfte dann auch mehr als am Ende, und ich hörte nach etwa 20 Abschlussrunden einfach auf.
Geradezu wutschnaubend brüllte er mich an, was ich mir erlaube, und ich wisse wohl nicht, wo ich sei und, und, und...
Ich sagte ihm einfach, er könne mich totschlagen, es geht nicht mehr. Körperlich war ich so erschöpft, das es für mich in diesem Moment keine Rolle mehr spielte, was mich da jetzt erwartete. Das eine tat genauso weh wie das andere!
Er begriff nicht, dass meine Erschöpfung ungleich größer war als die Angst vor einer Strafe wegen Verweigerung einer Anweisung. Wahrscheinlich hatte aber auch ihm die Kälte nach fast zwei Stunden zu schaffen gemacht.
Jedenfalls gab er letztendlich Anweisung einzurücken.
Da ich bei einigen Minusgraden nur in Turnhose und Turnschuhen auf dem Hof in klirrender Kälte meinen Sport „abreißen" musste (so nannten wir es), fand ich das alles lächerlich und sagte ihm, dass er sich ja in seinem Mantel nicht beklagen könne. Da war noch diese mir immanente trotzige Naivität, die des Guten in solch einem Augenblick natürlich zu viel war...
Sein hartes Schüsselbund schlug auf meiner linken Schulter auf. Im Befehl des „Stillgestanden!", hatte ich keine Möglichkeit, sein Näherkommen wohl wahrnehmend, zurückzuweichen.
Dann schlug es eben nochmal heftig ein!
Anschließend folgten 50 Liegestütze, Kniebeuge und Hockstrecksprünge als Strafe für das „Verachten eines Erziehers" vor der Eingangstür.

Die Schmerzen in der Schulter sollten mich bei den Liegestützen in den nächsten Tagen noch begleiten.
Als weitere Strafe für mein aufsässiges Verhalten entzog er mir das Mittagessen, und meine Verweigerung beim Sport wurde mit einer Verwarnung in meiner Akte vermerkt. Hinzufügend klärte er mich darüber auf, dass drei Verwarnungen automatisch drei Tage Arrest bedeuteten. Natürlich würde ich im Falle des Einsitzens in der Einweisungszeit diese drei Tage hinten angehängt bekommen.
Trotz großer Angst hatte ich meine liebe Mühe und Not, mein Mundwerk im Zaum zu halten. Ich dachte und funktionierte zeitweise nur noch wie ein wilder Hund am Stachelhalsband.
Mit hungrigem Magen ging es zurück in die Zelle.
Jetzt hieß es wieder stehen, stehen und stehen – der übliche Ablauf bis zur Nachtruhe.
Es kam wieder ein großes Nichts.
Ständig wurde ich durch den Spion mit deutlich auffallender Länge beobachtet. Der furchtbar stinkende Eimer, die heftig schmerzende Schulter, der furchtbar vom Gummiknüppel pochende Rücken und ein auch sonst völlig kaputter Körper, der unendlich viel Mühe hatte, sich stehend zu regenerieren, machten diese tote Zeit geradezu zu einem Alptraum. Natürlich war ich der Versuchung ausgesetzt, mich trotz strengsten Verbotes einfach hinzusetzen. Wohl wissend, dass dann erst ein richtiger Trubel losgehen würde, erfand der Kopf andauernd etwas, sich vom stehenden Körper und diesem Gefühl der Drangsaliererei irgendwie zu lösen.
Es lag eine große Mühseligkeit in diesem stundenlangen Stehen. Auf der einen Seite versuchte ich, mit Gedanken an meine Freunde und an irgendwelche Erinnerungen die Zeit zu vertreiben. Andererseits entstand dadurch eine so große Traurigkeit, das man augenblicklich völlig dem Ausrasten nahe war, und

man nicht wusste, wie man sich vor lauter Wut beruhigen sollte. Es war eine innere Zerrissenheit, die sich mit dem Stumpfsinn des dortigen Alltags zu einem seltsamen Gemisch von Apathie, Zynismus und Ausharren entwickelte. Der Körper wollte trotz der Schmerzen permanent etwas tun, und man war gezwungen, an Ort und Stelle, im Nichtstun stehend, zu verharren. So blieb mir also nichts weiter übrig, von Mittag bis zum Abend mit der Blickrichtung zur Tür in der Zelle die Zeit stehend zu verbringen und auf alles zu fluchen, was mir hier widerfuhr. Ich hatte kein Gefühl der Schuld. Dafür gab es nicht den geringsten Grund, sodass ich mich mit der Einsicht der Selbstverschuldung vielleicht sogar etwas hätte beruhigen können.

Was blieb, war ein Restchen Selbstkontrolle, um nicht bei Aufschluss der Zellentür die dann dort stehende Person anzuspringen und mit irgendetwas vor den Schädel zu schlagen, irgendwohin zu treten oder weiß der Teufel was zu machen... (auch an dieser Stelle soll auf das damals konkret gedachte Vokabular verzichtet werden).

Natürlich ersparte mir der Erzieher J. nicht den Mittagsaufschluss der Zelle. Ich stand stramm und rasselte die geforderte Meldung herunter: „Herr Erzieher J., Jugendlicher P. im Einweisungsarrest. Es gibt keine besonderen Vorkommnisse. Es meldet Jugendlicher P.!"

Er schaute mich ein Weilchen an, bevor er antwortete: „Jugendlicher P., hiermit spreche ich Ihnen die als erste offizielle Strafe den Essenentzug aus. Mit Ihrer Verweigerung beim Sport haben Sie sich meiner Anordnung widersetzt. Sollte dies noch einmal vorkommen, werden Sie mit sieben Tagen Arrest Bekanntschaft machen!"

Nun, Hunger hatte ich wie ein Wolfsrudel! Ich war verdammt wütend, aber was sollte ich machen. Ich sagte keinen Ton und formte in meinen Gedanken einige wundervolle Formulierun-

gen, die ich aber für mich behielt.
Er schaute mich wieder ein Weilchen an.
Dann, fast wieder brüllend, sprach er weiter: „Haben Sie das verstanden, Jugendlicher P.?“
„Ja!“, antwortete ich, jetzt auch fast brüllend.
„Wir werden sehen“, war seine Entgegnung.
Zwischen seiner Genugtuung, mir so demonstrativ den Essensentzug mitzuteilen und meinem hungrig wütenden Bauch, war jetzt bis zum Abend für lange Zeit die Zellentür verschlossen.
Mit Blick in Richtung Türspion begann ab jetzt wieder das Stehen und die Zeit, Stunde um Stunde mit Nichtstun zu verbringen.
Es war ca. 13 Uhr, 14 Uhr, 15.30 Uhr, 16.73 Uhr, 27.89 Uhr... und irgendwann begann dieselbe Prozedur des Vorabends.
Manches aus diesem früheren Leben hätte gereicht, andere schon eher verzagen zu lassen. Aber irgendetwas, was immer es auch gewesen sein mag, gab mir eine innere Unverdrossenheit und ließ manches Ungemach an mir vorbeigehen. Ich konnte es ertragen, ohne eine gewisse Lebenszugewandtheit zu verlieren.
Unfähigen Eltern, die ihre Kinder schlagen, minder strukturiert große Erziehungsdefizite verursachen und in Ermangelung eigener Werte keine vermitteln können, fehlt eines in den meisten Fällen trotz allem nicht: nämlich ihre Kinder zu lieben!
Sie wollen sie nicht demütigen, wenn sie ausrasten.
Ihre Minderstrukturiertheit reißt sie dazu hin.
Doch in Torgau waren die Dinge anders.
Der Hass dieser Menschen uns gegenüber ging jeder ihrer Handlungen voraus, und es war ihr bewusster Wille, uns um jeden Preis zu demütigen. Ich kann mich nicht erinnern, dass man jemals auf eine Möglichkeit verzichtet hätte, um uns dies deutlich zu machen.

Es war, als wollte die abendliche Dunkelheit dem Nachthimmel einen besonders finsteren Anstrich geben. Diese Gruselgedanken des Vorabends verschafften sich, ohne anzuklopfen, Eintritt in meine Seele. Die bedrückende Wucht der Erlebnisse dieses Tages fesselte meine Gedanken und ließ ihnen keine Möglichkeit, in eine andere Welt zu flüchten. Eine solch niederschmetternde Lumperei erwachsener Menschen überforderte all meine Fähigkeiten, damit umzugehen.

Mich auf der harten Holzpritsche hin- und herwälzend, hatte der Schlaf ein Einsehen und ließ mich nach langer Zeit endlich erlösend zu sich.

Weihnachten 1971

Vom Teufel zum Beelzebub

Mein dritter Tag in einer Zelle von Torgau brach an. Wieder dröhnte eine laute Stimme über den Gang: „Nachtruhe beenden! Jugendliche, antreten zur Zählung!“
Dann krachten auch schon die Schlüssel in den Schlössern, die Riegel knallten, und es waren brüllende Stimmen zu hören, die den Erziehern Meldungen entgegenschrien.
Bei mir setzte die erste Morgendämmerung ein. Es war ja Weihnachten, und da schien auch hier niemand arbeiten zu gehen.
„Gruppe eins, raustreten zum Frühsport!“,
„Gruppe zwei, raustreten zum Frühsport!“
Nach einigem hektischen Getrampel wurde es für einen Augenblick ruhig.
„Gruppe eins und zwei, Vorderlinie, Seitenmann ausrichten. Stillgestanden! Augen links, Augen gerade aus, Durchzählen!“
Von eins bis vierzig schepperten die Zahlen von den jungen Burschen gebrüllt über den Gang.
Dann Totenstille.
Es knallten ein paar Hacken zu einer Wendung.
„Herr Erzieher M., vierzig Jugendliche der Gruppen eins und zwei zum gemeinsamen Frühsport angetreten. Es gibt keine besonderen Vorkommnisse. Es meldet Jugendlicher Müller!“
„Guten Morgen, Jugendliche!“, vernahm ich den Erzieher.
Dann dröhnte es aus vierzig Jungenstimmen dem Erzieher entgegen: „Guten Morgen, Herr Erzieher M.!“
„Danke Jugendliche, rühren!“
Plötzlich, ich lauschte gebannt den Vorgängen auf dem Flur, da krachte eine Faust gegen meine Zellentür.
„Jugendlicher P., stehen sie gefälligst von der Pritsche auf, die

Nachtruhe ist vorbei, aber dalli!"
Ich hatte während des Lauschens ob der Vorgänge vor meiner Zellentür ganz außer Acht gelassen, dass ich zwischendurch durch den Spion kontrolliert wurde. Also nahm ich sofort wieder meine Stehposition ein und lauschte im Stehen weiter.
„Fertig Gruppen, ablaufen zum Frühsport!", ordnete der Erzieher an.
Daraufhin war von der vorhergehenden Stimme zu hören: „Gruppen eins und zwei, stillgestanden! Rechts um, im Laufschritt, Raustreten zum Frühsport!"
Das hetzende Getrampel verstummte in wenigen Augenblicken in der Ferne und eine unwirkliche Stille trat ein. Es war sehr schwer, sich an die Zeitlosigkeit zu gewöhnen und nie zu wissen, wie spät es ist oder wie lange etwas gedauert hatte.
Die Zeit sollte an diesem Ort eben keine Rolle spielen.
Ich stand eine ganze Weile da und betrachtete den Spion von innen, als das Gepolter im Flur wieder losging. Die Jugendlichen kamen von ihrem Frühsport zurück. Man hörte ihren Laufschritt und ihr Schnaufen.
Kurze Ruhe trat ein und wieder gingen die Kommandos los.
„Gruppe stillgestanden! Augen Links, Vorderlinie, Seitenmann ausrichten, durchzählen!"
„Eins, zwei, drei… vierzig!"
„Fertig Gruppe, Augen geradeaus! Herr Erzieher M., vierzig Jugendliche der Gruppen eins und zwei haben den Frühsport beendet. Es gab keine besonderen Vorkommnisse. Es meldet der Jugendliche Müller!"
„So, Jugendliche, in erster Linie besteht Ihre heutige Tagesaufgabe darin, die Verwahrräume aufs Gründlichste zu reinigen. Nach dem Frühstück findet die Flur- und Hausreinigung statt. Fertig Gruppe, rechts um! Gruppe ablaufen!"
Man konnte sich förmlich hörend vorstellen, wie sich die Jungs

im Laufschritt in ihre Verwahrräume – so nannte man die Zellen – verkrochen. Eine verdammt schöne Bescherung, so zu Weihnachten aufzuwachen!

In Torgau schien es auch Weihnachten heftig zur Sache zu gehen. Da gefror mir doch einigermaßen das Blut in den Adern. Den ganzen Trubel noch nicht völlig aus meinen Sinnen habend, schepperten die Schlüssel an meiner Zellentür, die Riegel krachten, und das „Brett" wurde wuchtig aufgerissen.

Ein neuer Erzieher stand vor der Zellentür.

Ich riss meinen Brustkorb hoch, barfüßig schlug ich meine Hacken zusammen, was ziemlich wehtat, straffte die Hände an der Körperseite und, fast manipuliert von den Vorgängen wenige Minuten zuvor, rasselte ich meine Morgenmeldung herunter: „Jugendlicher P., den dritten Tag im Einweisungsarrest, hat die Nachtruhe beendet. Es gab keine besonderen Vorkommnisse. Es meldet der Jugendliche P. Guten Morgen, Herr Erzieher!"

„Guten Morgen, Jugendlicher P.!"

In meinem zweiten Kopfprogramm versuchte ich an der Art, wie er sich verhielt, zu erkennen, ob dieser Mann auch so ein gnadenloser Typ wie sein Vorgänger war. Die schnittige phonetische Vorstellung vor wenigen Augenblicken ließ da auch kaum etwas anderes vermuten.

Und natürlich war er das!

Nach der Begrüßung trat er von der Zellentür zwei Schritte zurück, während er mich genau im Blick behielt.

„Raustreten!"

Ich stellte mich noch im Nachthemd und frierend sofort strammstehend neben die Zellentür. Seine Augen blickten an mir vorbei und schienen in der Leere der Zelle nach etwas zu suchen. Ich musste mein Nachthemd ausziehen, und er betrachtete meinen nackten Körper von vorn und hinten sehr genau. Später wusste ich, dass sie Angst hatten, dass man einen selbst

gebauten Gegenstand unter dem Nachthemd verstecken würde. Woher man auch immer solch einen Gegenstand haben sollte!
„Sporthose und Turnschuhe anziehen! Und P., nehmen Sie gefälligst den Eimer mit raus! Machen Sie mir ja keinen Dreck auf dem Gang!“
Seine sonore Sprache vermischte sich mit seinem herrischen Habitus zu einem eigenwillig, näselnden Klangbild. In seiner spröden, herz- und humorlosen Art ließ er mich spüren, dass ich für ihn auch nur irgendein Wesen war, das er schon zu hunderten kannte und das seinen Befehlen widerspruchslos zu gehorchen hatte. In seiner Art, sich in einiger Distanz vor mir hinzustellen, lag sehr viel Belanglosigkeit. Es wirkte, als ginge ihn dies alles nichts an.
Die Tücke für mich als Neuling lag in der Unkenntnis seiner Person. Im normalen Jugendwerkhof wäre mir jeder neue Erzieher völlig egal gewesen. Hier erwartete mich wohl bei jedem neuen auch eine spezifische Art der Umerziehung.
Mich hurtig seiner Anweisung fügend, hatte ich keine Zweifel mehr, dass auf mich das gleiche üble Sportprogramm des Vortages wartete.
„Vorrücken zum Hofausgang, aber im Laufschritt!“
Mit dem Eimer in der Hand rannte ich bis zur Hoftür und nahm wieder stramm Aufstellung. Einen Augenblick später stand ich wieder auf diesem so finster und dreckig aufs Gemüt wirkenden Hof. Dieser Hof sollte für längere Zeit das einzige Bild sein, das ich von der Welt sah. Mit der Zeit verliert man völlig den Sinn für bunte Straßenbilder, lustige Menschen und dass es da draußen ja eigentlich ein völlig anderes Leben gibt.
Ich musste andauernd mit diesem „Warum?“ in meinem Kopf kämpfen. Dann riss ich mich wieder ein bissel zusammen und versuchte, mich nicht selber runterzureißen.
Ich leerte ordnungsgemäß den Eimer. Der Gestank der Grube

ließ selbst die Erzieher in einem gebührlichen Abstand verharren.

Nachdem ich dies zügig erledigt hatte, stellte ich mich wieder stramm an den mir zugewiesenen Platz und erstattete meine Meldung: „Jugendlicher P., hat die Eimerleerung beendet und ist fertig zum Frühsport. Es gibt keine besonderen Vorkommnisse. Es meldet Jugendlicher P."

„Ab, 20 Runden im vollen Tempo, Sie scheinen ja zu frieren, Jugendlicher!"

Das Frühsportprogramm ließ er mich mit unerbittlicher Härte ausführen. Die Kälte des Weihnachtsmorgens spielte für ihn im dicken, wärmenden Mantel keinerlei Rolle.

Den Drill vom Vortag noch in allen Körperteilen heftig spürend, hatte ich alle erdenkliche Mühe, wie ich an diesem Morgen irgendwie in die Gänge kam, da alle Muskeln und Gelenke heftig schmerzten.

Mit eisigem Schweigen gab Erzieher M. nur die allernötigsten Anweisungen und wirkte fast abwesend. Dann aber nörgelte er an jeder auszuführenden Übung unendlich lange herum: Die Hockstrecksprünge waren ihm nicht hoch genug gesprungen, also musste ich unendlich viele wiederholen. Dann waren die Liegestütze nicht tief genug< oder der Körper nicht gerade genug gehalten. Er legte größten Wert darauf, dass die Armführung bei den Liegestützen nicht in die Breite ging, sondern am Rumpf seitlich nach hinten oben. Für den Untrainierten war dies eine besonders harte Art der Ausführung, doch für ihn waren meine Liegestütze eine einzige Schlamperei.

Also wiederholen, wiederholen, wiederholen!

Bei den Kniebeugen habe ich dann den Hocker nicht ausreichend in die gestreckte Vorhalte gebracht.

Also Wiederholung.

So ging es in einem fort, in einem nicht enden wollenden Drill.

Gepaart mit seiner nörgelnden Stimme war ich rundherum völlig abgenervt. Meine sichtbare Erschöpfung schien ihn nicht im Geringsten zu rühren. Ich lernte im Zeitraffer, wie Angst und Wut einen daran hindern können, auch in Gedanken auf Nachsicht zu hoffen. Doch aus purem Trotz hätte ich auch darauf verzichtet!

In den bösesten Vokabeln dachte ich nur daran, dass er einen so oder so noch mehr schikanierte. Und manches Mal ärgerte ich mich über mich selbst, auch nur einen Augenblick geglaubt oder gehofft zu haben, dass sie sich zu einer Geste der Milde hinreißen lassen würden. Die Erzieher standen da, brüllten dann wie die Irren ihre Kommandos und ließen einen bis zur Erschöpfung über den Hof kriechen – und sie hatten dabei nicht im Geringsten wenigstens ein kleines Herzweh!

Je schneller ihre Gnadenlosigkeit in den eigenen Gedanken zu dieser Klarheit führte, umso eher hatte ich für mich die Chance, mit alldem irgendwie fertig zu werden. Es war für meinen Kopf und meine Seele immer ein abstruses, von ihnen uns aufgebürdetes Gedankenspiel, von dem ich längere Zeit regelrecht überfordert war.

Die körperlichen Schikanen konnte ich bald überwinden. Die Gewohnheit eines Befehls machte die Strukturen des Bewegungs- und Stützapparates zu einer funktionierenden Maschine. Aber wenn sie mit ihren hässlichen Gedanken in die Seele einbrachen, hatte ich alle Mühe, meine Klappe zu halten. Und sie lauerten darauf, dass man ausrastete. Dann konnten sie begründet zuschlagen und einen für lange Zeit in den Bunker sperren. Sie hatten es durchaus nicht gern, wenn jemand mit sich selbst so kämpfte und ihnen mit persönlicher Beherrschung den Triumpf verweigerte.

Sehr viel später sollte ich erfahren, dass der Direktor von meinem Stammjugendwerkhof bezüglich meiner „immer großen

Klappe" in besonderer Weise informiert wurde. Es brauchte seine Zeit, für diesen großen Unsinn einen inneren Weg zu finden, um mit meinem Schicksal irgendwie fertigzuwerden.
Das wollte ich aber um jeden Preis.
Das morgendliche Frühsportspektakel nahm dann so langsam sein Ende. Ich schleppte mich keuchend und langsam alle Kraft verlierend über die letzten Hofrunden.
Wieder nahm ich Aufstellung und erstattete meine Meldung: „Jugendlicher P. hat seinen Frühsport beendet. Es gab keine besonderen Vorkommnisse. Es meldet Jugendlicher P.!"
Ich schnappte den Toiletteneimer und ab ging es von Tür zur Tür im Laufschritt eilend zurück in die Zelle.
Nach dem Reinigen der Arrestzelle, selbstverständlich unter permanenter Beaufsichtigung, ging es zum Duschen. Nachthemd und Filzdecke musste ich wieder zum ordentlichen Päckchen gebaut vor der Zelle auf dem Hocker ablegen.
Dann kam wieder ein Jugendlicher, der mir schweigend und fast demütig die drei Scheiben Brot mit einem dürftigen Aufstrich und einem Becher Tee reichte, während ich in der Zellenmitte stand. Es war so armselig, so wenig zu essen, das ich vor Hunger fast den Putz von den Wänden gefressen hätte.
Die passten sogar auf, dass ich beim Duschen kein Wasser trinken konnte. Das wurde mir ausdrücklich verboten. Und wenn man weiß, dass es bis zum Mittag keinen Tropfen mehr zu trinken gibt, war der Horror vor dem Durst schon am frühen Morgen ein unerwünschter Gast in der Zelle.
Meinem Hunger und besonders dem Durst stellte ich aber in Aussicht, diesmal wenigstens ein Mittagessen zu bekommen, da ich mir ja nix zu Schulden kommen lassen hatte.
Mit größter Beherrschung, den letzten Brotkrümel im Mund versteckend, um meine Fingermurmeln basteln zu können, war die Morgenmahlzeit beendet worden. Ich musste wieder mei-

nen Stellplatz in der Zellenmitte einnehmen. Ein letzter, mich musternder Blick vom Erzieher und schon verschloss er wortlos die Zellentür. Das war Weihnachten 1971 gewesen.
Auch wenn das stundenlange Stehen alle denkbare Mühseligkeit mit sich brachte, so hatte ich doch an diesem Vormittag wenigsten ein interessantes Hörspiel durch die Zellen geboten bekommen. Die Reinigungsarbeiten der Jugendlichen, die ich wenige Tage später selber aktiv mitgestalten durfte, der sogenannte „Atawalzer", lenkten mich einigermaßen ab. Das ständige „Schschsch-Geräusch" erschloss sich mir dann auch als das Schrubben der weißen Fliesen mit einer Scheuerbürste.
Inhaltlich kam dieses Hörspiel zwar nicht über das Niveau schimpfender Erzieher und komischer Putzgeräusche von Torgau hinaus, aber es verkürzte mir doch einigermaßen diesen Vormittag.

Die Bescherung

Am frühen Nachmittag wurde ich nicht wie erwartet zum sonst üblichen Einweisungssport geholt.
Erzieher M. öffnete die Zellentür mit der Aufforderung: „Jugendlicher P., raustreten!"
Zu meiner Verwunderung musste ich wieder zu diesem Direktor! Während des Raustretens sagte ich dem Erzieher M., dass ich mit niemandem noch irgendetwas zu besprechen hätte und dass ich auf jedes Gespräch verzichten könnte.
Meine Bestimmtheit und die für ihn sicher sehr aggressiv und aufsässig klingenden Worte, die so und nicht anders gemeint waren, erregten seinen Zorn auf das Äußerste. Sein Verdacht, mich wohl nicht unter Kontrolle halten zu können, veränderte sein Vorgehen.

„Ab, sofort zurück in die Zelle!“
Stehenden Fußes machte ich kehrt und stellte mich wieder in die Zellenmitte. Ohne ein weiteres Wort von ihm flog die Zellentür augenblicklich wieder krachend zu.
Mir war es absolut egal, was dieser Direktor von mir wollte. Mich mit der Annahme beruhigend, dass sich dieses Anliegen mit meiner Weigerung erledigt hatte, verharrte ich gedankenversunken auf meinem Dauerstellplatz in der Zelle.
Dem war aber nicht so.
Energische Schritte näherten sich meiner Zelle und die Tür flog fast aus den Angeln, als dieser Erzieher M. sie wieder aufriss: „Raustreten, P.!!!“
Mit einem sofort herbeigeholten zweiten Erzieher kam er wieder, um mich jetzt in dessen Begleitung, zum Direktor zu bringen. Den Zorn in seinem Gesicht konnte er nicht verbergen.
Auf dem Flur strammstehend, schrie er mich an:
„Jugendlicher P., es liegt hier nicht in Ihrem Ermessen, mit wem Sie sprechen wollen oder nicht. Machen Sie mir hier keine blöden Sachen. Wir können auch mit andern Mittel Ihren Widerstand beilegen! Haben Sie das verstanden?!“
Puh, da hatte ich doch einigermaßen falschgelegen. Mich ödete es geradezu an, zu diesem Gespräch zu müssen. Also schwieg ich und kuckte wie ein bockiger Bursche auf den Boden. Sie wollten es unbedingt wissen. Ich dachte nur, erzählen kann der viel und sagen muss ich gar nix! Meine Sturheit hatte auch für sie ihre Besonderheiten.
Wie ich später erfahren sollte, hatte ich mir mit dieser Weigerung den fortwährenden Zorn für die Zeit meines Verbleibens in Torgau bei Erzieher M. zugezogen.
Er schien mein beharrliches Schweigen zu ignorieren, denn jetzt musste ich zum Direktor mit dem Befehl: „Ablaufen, P!“
Diesmal schien dem Direktor meine Befindlichkeit nicht mehr

Gegenstand des Interesses zu sein – ganz im Gegenteil…
Mit eigenartiger Freundlichkeit verkündete mir dieser Mann, er erwäge, mich aufgrund des heute bevorstehenden Weihnachtsfestes vorzeitig in die Gruppe verlegen zu lassen. Nicht ohne zu bemerken, dass ich mich auffällig negativ verhalten würde und ihm dies Anlass zu großer Sorge gebe.
Mir keiner Schuld bewusst, fragte ich ihn, was er damit meinte, und was genau ich denn getan hätte?
Er wiegelte diese Frage barsch damit ab, dass dies jetzt nicht Gegenstand des Gespräches sei.
Was immer ihn dazu bewogen hatte, mich wegen des Weihnachtsfestes aus dieser Arrestzelle in eine Gruppe zu verlegen, war mir wirklich wiedermal „scheißegal"!
Ziemlich klar sagte ich ihm, dass ich bei alldem, was ich bisher erlebt hatte, nicht eine Sekunde an dieses „blöde Weihnachten" gedacht hätte. Torgau sei für mich der wohl sinnloseste Ort, an dem man an so etwas denken könne. Da wo ich her kam, gab es zu Weihnachten auch nicht viel zu lachen. Und mich mit dem Gedanken an Weihnachten von einer kleinen Zelle in eine große Zelle zu sperren, war für mich grundsätzlich absurd und lächerlich.
Ich raffte damals meinen ganzen Mut zusammen und sagte ihm, dass weder er noch die anderen mir etwas schenken könnten, dass für mich von Bedeutung wäre, und sie könnten sowieso machen, was sie wollten.
Ob er die Ernsthaftigkeit meiner Worte so verstand, wie ich sie meinte, mag dahingestellt sein. Er tat jedenfalls so, als wolle ich ihm nur etwas vorgaukeln. Es passte nicht in sein Schema, die Führung des Gesprächs zu verlieren.
Für mich war es ein Moment, in dem ich meine innere Balance zwischen meiner Angst und Gleichgültigkeit gefunden hatte. Ich hatte ihm absolut nichts zu sagen und wollte von ihm absolut

auch nichts hören und wissen. Sehr deutlich konnte ich wahrnehmen, wie er meiner Gleichgültigkeit praktisch nichts entgegensetzen konnte. Es entzog sich seinem Verständnis, dass der mir aufgezwungene Stumpfsinn auch von mir entgegengebracht wurde. Obwohl ich damals einen verhältnismäßig hohen Preis für meine Gleichgültigkeit bezahlen musste, war sie ein Mittel gewesen, mir selbst treubleiben zu können. In meiner Akte standen dafür sicherlich andere Worte, was aber nicht in meinem Ermessen lag.

Er kämpfte für eine Sache, die es ihm wert war, mit anderen Menschen solche Dinge zu tun, wie er sie mit mir tat.

Ich hingegen musste für nichts kämpfen, weil ich nichts hatte, das ich verlieren konnte. Damit bot ich ihnen auch nicht die Möglichkeit, es mir unter diesen Umständen noch wegzunehmen. Mehr ging einfach nicht!

Alle Jugendlichen, deren Biografie mit dem Jugendwerkhof Torgau verbunden war, hatten in der Regel eine lange und böse Vorgeschichte, deren Erfahrung sie prägte. Wenn ich, geprägt von diesen Erfahrungen, die Befindlichkeiten meiner Lebenssituation emotional einigermaßen ausbalancieren konnte, limitierte es meine Verletzlichkeit an vielen Stellen. Die Schattenseiten dieses Schutzverhaltens hatten im späteren Leben durchaus ihre Langzeitwirkung. Diese Gleichgültigkeit, die wie ein Implantat in meinen Charakter transplantiert worden war, begleitete mich noch lange. Im späteren Lebensumfeld war das für viele abstoßend und unverständlich. Es war ein schwieriger Prozess, sich von diesen Verhaltensmustern zu lösen. Nicht immer führt die Klarheit darüber, wie die Dinge stehen, auch gleich zu deren Veränderung. Den eigenen Charakter bekommt man nicht eben mal von der Omi als frisch gewaschene und gebügelte Wechselwäsche zurück, und sie hatten in den knapp drei Tagen in Torgau einen fürchterlichen Schaden in meinem

Kopf angerichtet. Natürlich hatten sie genügend Mittel und Möglichkeiten, unser seelisches Befinden in den Grenzbereichen des Erträglichen ankommen zu lassen. Andererseits begriff ich auch ihre Grenzen. Genau an dieser Stelle verlor ihre despotische Härte an Schärfe und Sinn – wenn es Letzteres überhaupt gegeben hatte.
Noch weniger konnten sie mir etwas geben, was ich von ihnen hätte haben wollen. So wurde es in gewisser Weise für mich völlig ohne Belang, was mit mir passierte. Ich tat so manches Mal eben nichts und provozierte doch genau damit ihre Wut.
„Körperliche Schwäche und Selbstmitleid sind wohl ihre Stärken, Jugendlicher P?!", entgegnete mir der Direktor.
Ich grinste ihn nur an, zuckte mit den Schultern und erwiderte einfach gar nichts. Ich wusste ja, dass er mich um jeden Preis demütigen wollte. Sie hatten wirklich keine Ahnung, wo ich herkam, wer ich war und wie sich bis dahin mein Leben vollzogen hatte.
Ich selbst war damals noch nicht klug und clever genug, mich mit gutem Verstand zu wehren. Mir fehlten eine vernünftige Bildung und vor allem eine sinnvolle Erziehung. Die Vernunft des Schweigens verwechselte ich zu jener Zeit noch mit den Denkkategorien, nicht zu kriechen und nicht feige zu sein.
Ich konnte nicht die Fähigkeit entwickeln, ihnen mit maßvollen Worten oder angemessenem Schweigen entgegenzutreten, um den Preis, dass meine Aufenthaltsdauer in Torgau auf das äußerste Zeitmaß von sechs Monaten festgelegt wurde. Dies bekam ich jetzt an Weihnachten mitgeteilt, da ich zu den Jugendlichen gehörte, die bereits im Einweisungsarrest eine Strafe erhalten hatten. Da könne er keine Abstriche machen. Ich könnte aber bei besonders guter Führung durchaus nach fünf oder gar vier Monaten eine vorzeitige Entlassung erreichen.
Er hatte natürlich keine Ahnung von meiner Widerwilligkeit für

erzieherischere Belobigungen. Sechs Monate Torgau, also das volle Programm, war mir zwar alles andere als egal, aber eine Reaktion in seinem Sinne konnte er sich von mir, auch nach dieser Festlegung, nicht erhoffen.

Vergebens schien er noch auf irgendeine Äußerung von mir zu warten. Minutenlang musterte er mich noch scharf durch seine Brille, doch es blieb bei meinem Schweigen.

Dann blätterte er in meiner Akte. Er merkte sehr wohl, dass mit mir in seinem Sinne kein zielführendes Gespräch zu führen war. Denn ich hatte ihm, weiß Gott, nichts zu sagen.

Ich bemühte mich meinerseits auch nicht im Geringsten, meine Feindseligkeit zu verbergen, weil ich es auch emotional nicht gekonnt hätte. Eine seltsame Mischung aus Angst und Renitenz meinerseits standen einem mir seine ganze Macht demonstrierenden Mann gegenüber, der in jeder Hinsicht willens war, mich auf seine Art und Weise bis auf den Boden kleinzubekommen. Ich spürte sehr genau, wie sein Ehrgeiz angelegt war: Im Brechen meiner Widerwilligkeit sah er eher seinen Triumph, als wenn ich ihm von vornherein mutlos als Häuflein jammernden Elends um Milde angefleht hätte.

Durch den rohen Alltag mit meinem Stiefvater habe ich Dinge ertragen gelernt, die immer dann umso furchtbarer wurden, wenn wir unsere Angst nicht mehr verbergen konnten. Kinder, in deren Elternhaus Gewalt und andere Missverhältnisse in der Erziehung Alltag waren, lernen, mit diesen Umständen in sehr spezieller Weise umzugehen. Sie verlieren nicht die Angst vor Schmerzen und Schikanen, aber sie wissen in der ständigen Wiederkehr von Gewalt damit zurechtzukommen und entwickeln die notwendigen Schauspielereien, um sich so günstig wie möglich aus diesem Dilemma herauszuwinden.

Es ist immer ein ungleicher Krieg der Köpfe und Seelen, der am Ende aber keine Gewinner haben kann.

Dieser Direktor wusste einfach einiges aus meinem Leben nicht, und er gelangte an Grenzen, die auch er nicht überschreiten konnte. Ich lebte tief versunken in meiner Trotzigkeit, die für ihn eine fremde Welt bleiben musste.

Es war nicht unbedingt das Verhalten einer bewusst getroffenen Wahl – Ablehnung und kindlicher Widerwille waren das Ergebnis ihres Handelns, das mit Liebe und Erziehung eben grundsätzlich nichts zu tun hatte. Ich werde nie verstehen, wie er und seinesgleichen auch nur einen Moment in Erwägung ziehen konnten, mich durch Angst ihren Zielen gewogen zu machen. Nichts, was sie bis dahin getan hatten, hätte dies auch nur für einen Augenblick ermöglicht.

Mit dem lakonischen Vermerk an den dabeistehenden Erzieher M., dass der Jugendliche P. in die Gruppe zu verlegen sei, beendete er dann endlich das Gespräch.

Augenblicklich stand ich auf.

Nicht ohne ihn im trotzigen Tonfall meine Verachtung spüren zu lassen, meldete ich mich vorschriftsmäßig ab.

Sein scharfer Blick verriet, dass ihm mein Unterton nicht entgangen war. Sein Befehl „ Ablaufen!“ machte es klar.

Vielleicht nach einer weiteren Stunde in der Zelle stehend, erfolgte meine Verlegung in die Gruppe. Natürlich musste ich die von mir verschmutzte Zelle zuvor von oben bis unten gründlich reinigen.

Gruppenleben und Kulturnachmittag

Es war schon ein seltsames Gefühl, Weihnachten am frühen Nachmittag aus einer üblen Arrestzelle herausgeholt zu werden, um mich in einer großen Gemeinschaftszelle unterzubringen. Zu Weihnachten noch einen Neuling in die Gruppe zu be-

kommen, war auch für die Jungs eine echte Überraschung.
In ihrer Gefängniskluft waren sie ein recht erbärmlicher Anblick. Ich wurde ihrerseits mit schalen Blicken betrachtet. Jeder traf seine Abwägungen, was ich für ein Typ sein könnte. Da ich nun schon einige Male irgendwo der Neue gewesen war, bereitete es mir keine Probleme, ihren Blicken nicht auszuweichen, um ihnen klar anzuzeigen, dass ich kein furchtsamer Depp war. Vom Erzieher wurde das ganze Szenario mit der Bemerkung begleitet: „Na, Jugendlicher P., wieder mal Glück gehabt, was!"
Ich konnte nur mit den Schultern zucken, um nicht schon wieder mit einer unbotmäßigen Äußerung die Verärgerung des Erziehers M. hervorzurufen.
Er wies mir jetzt mein Bett zu, das ich augenblicklich zu beziehen hatte. Sofort bemerkte ich, dass auch hierbei mit allerhöchster Akkuratesse vorgegangen werden musste. Laken, Kissen, Bett- und zusätzliche Wolldecke waren absolut perfekt und gleich gebaut. Da gab es keine Falte oder schiefliegende Decke. Die ersten Bilder des Päckchen-Bauens noch in Erinnerung, ahnte ich bereits, was da auf mich zukam. Mein Mühen, es ihnen allen gleichzutun, wurde mit mehreren Wiederholungen belohnt.
Mit einer Reihe ironischer und teils recht fieser Bemerkungen wie etwa: „Mensch P., das sieht sehr nach Schlamperei aus. Das können wir doch noch viel besser!", packte der Erzieher ein Matratzenende, schaute in der Runde die anderen Jungen grinsend an und riss mein gesamtes Bettzeug zu Boden.
Auch wenn ich es ihm am liebsten um die Ohren geschlagen hätte, musste ich mich jetzt total zusammenreißen.
Die andern Jungen standen an ihren Betten und mussten diesem pädagogischen Spektakel schweigend beiwohnen.
Ich ließ das Ganze an mir vorbeiziehen – welche Alternative hätte ich auch gehabt?! Ich dachte nur, wenn mich am Abend

nach dem Zelleneinschluss irgendeiner der Typen anmacht, dann schlage ich sofort zu, um von vornherein für klare Verhältnisse zu sorgen.

Nun, dazu sollte es nicht kommen.

Schließlich hatten alle diesen Eiertanz hinter sich, und da konnte sich keiner sonderlich hervortun.

Was ich nicht wusste, war der Umstand, dass die Jungs auf mich warten mussten, bis sie in den Tagesraum gehen konnten. Der Weihnachtsnachmittag war einer der ganz wenigen Tage, an denen kein Sportdrill und keine militärische Ausbildung stattfanden. Nur an Sonn- und Feiertagen ging es in den Gruppenkulturraum. Mit Brettspielen durften wir dort, drei Stunden eingeschlossen, einen „Kulturnachmittag" verbringen.

Nach einigen Bemühungen und Wiederholungen nahte endlich das Ende des Bettenbauen-Übens.

Mit der kleinen Drohung: „Na P., das war noch nicht dolle, aber das üben wir noch!", ließ der Erzieher die Gruppe an den Bettenden strammstehen. „Fertig Gruppe, ausrücken!"

Alle stürzten auf den Gang und bildeten sofort eine militärisch absolut korrekte Linienaufstellung.

Mich zerrten sie mit fester Hand und ganz schnell entsprechend meiner Körpergröße an den richtigen Platz. Der Brigadier stellte sich vor der Gruppe auf und erteilte brüllend den Befehl: „ Gruppe, still gestanden!"

Dann knallten die Hacken zu einem hohen Cis-Dur zusammen.

„Herr Erzieher M., Gruppe eins ist zum Ablauf zum Kulturnachmittag angetreten. Es gab keine besonderen Vorkommnisse. Es meldet Jugendlicher Müller!"

„Jugendlicher Müller, lassen Sie die Gruppe ablaufen."

„Fertig Gruppe, rechts um, im Laufschritt zum Gruppenkulturraum!"

Alle rannten die wenigen Schritte zur Treppe und warteten, bis

das Gitter zum Aufgang aufgeschlossen wurde und sich danach wieder schloss. Jetzt rasten wir die Treppe hoch bis zum nächsten Gitter, das das obere Stockwerk vom Unteren abtrennte. Am Gruppenkulturraum angekommen, nahm die Gruppe wieder Aufstellung, bis der Erzieher die Tür öffnete.
„Fertig Gruppe, rechts um, Einlaufen zum Kulturnachmittag!"
Solange die Gruppe sich nicht in diesem Raum befand, hielt jeder Junge seinen Mund. Im gesamten Gangbereich und vor allem in der Formation herrschte absolutes Redeverbot. Die Jungs machten auch nicht den Eindruck, als wenn sie wie wild drauflos quasseln wollten. Mein erster visueller und eigenaktiv beteiligter Eindruck von der Geräuschkulisse hinter meiner Arresttür hätte nicht perfekter sein können und hatte mir schon deutlich gemacht, welcher Irrsinn die nächsten Monate hier auf mich wartete.
Am Treppenaufgang überraschte mich noch ein völlig absurdes Bild: An der Treppenvergitterung hatten sie doch tatsächlich einen kläglich geschmückten Weihnachtsbaum über der Kopfhöhe angebracht!
Es wirkte erbärmlich und lächerlich zugleich.
In meinem alten, in jeder Hinsicht unchristlichen Zuhause gab es für mich kein erinnerungswürdiges Weihnachtsfest. Im Kinderheim und Jugendwerkhof Hummelshain war das „Weihnachten-Feiern" auch nur eine abgekrampfte Vorgaukelei von Besinnlichkeit, der ich nichts abringen konnte. In Torgau selbst war ich nun gänzlich eingesperrt, wollte nicht hier sein und sollte irgendwie Weihnachten feiern – wie absurd!
Für mich war es zu jener Zeit natürlich ein Segen, für das Weihnachtfest dieses festliche Empfinden nicht zu haben. Fernab jeder christlichen Bildung und dem, was anderen Weihnachten Freude bereitete, konnte mir dieses Fest auch nicht zerstört werden.

Nervig genug, dass ich das sinnlose Rumgehänge in den verschlossenen Zellenräumen zu den Weihnachtsfeiertagen über mich ergehen lassen musste, war ich dieser Verzweiflung innerer Besinnlichkeit zum Weihnachtsfest nicht ausgeliefert.
Die Jungs, die an das Weihnachtsfest Erinnerungen hatten, auch in familiärer Hinsicht, wirkten schwer beladen. Manch ein traurig dasitzender Bursche in diesem Gruppenkulturraum war ein einziges Gotterbarmen, wenn sein Blick durch die kleinen vergitterten Fenster in den Himmel schweifte. Wo immer auch die Gedanken dieser Jungs sie hintrugen und wie rau sie auch sonst im Alltag waren, an diesen drei Weihnachtstagen waren sie wirklich ein Bild des jammernden Elends.
Irgendwie taten sie mir sogar leid.
Natürlich war unter diesen Umständen ein Neuzugang wie ich von keinem besonderen Interesse. Es waren für alle furchtbare Tage, die jeder auf seine Weise durchlebte. Kurze Zeit später begriff ich schnell, dass mein „Vorteil" in dieser Situation darin gelegen hatte, nicht allzu sehr der Gruppendrangsaliererei ausgesetzt gewesen zu sein, die sonst fast jedem Neuankömmling widerfuhr. Sie waren Weihnachten alle zu sehr mit ihren Befindlichkeiten beschäftigt und ließen mich in Ruhe.
Selbst das Personal wirkte etwas zurückgenommen. Mild ausgedrückt könnte man meinen: deeskalierend.
Was für eine wundersame Wirkung dieses Fest tiefster christlicher Prägung hatte!
In einem von Gewalt beherrschten und im wahrsten Sinne des Wortes gottlosen System bewirkte sogar Weihnachten die Mäßigung böser Menschen. Ich hätte diesem Gedanken keine Aufmerksamkeit geschenkt, hätte ich diese Menschen nicht wenige Tage später aufs Neue erlebt, wie sie mit ihrer seelischen Verrohung Kinder schikanierten.
Weihnachten war damit eine beeindruckende Heuchelei...

Ich glaube nicht, dass sie jemals wirklich wussten, was sie da mit Weihnachten eigentlich feierten. Denn Mitgefühl und Nächstenliebe erhielten in diesem Haus keine Kost und Logis. Wäre ihren Seelen jemals Herzenswärme, Milde und Nachsicht begegnet, hätten sie nie und nimmer das tun können, wozu sie hier fähig waren.

So ging für mich auf sehr komische Weise und über die Maßen beeindruckend die Zeit des Einweisungsarrestes einen halben Tag früher zu Ende, als es sonst für Neuzugänge der Regelfall war.

Mit meiner Vorstellungskraft war ich an Grenzen angelangt, die in Köpfen junger Menschen nichts verloren hatten. Ich musste erkennen, dass es selbst in einer so furchtbaren Gefängniswelt für Kinder und Jugendliche noch ärgere seelische Bedrängnisse geben konnte, als es diese körperlichen Schikanen ohnehin schon anrichten konnten.

Mein damals diffuses Verhältnis zum Weihnachtsfest hatte nichts Zynisches. Von meiner Erziehung geprägt, konnte ich damals zu diesem Fest auch keinen anderen Bezug herstellen – ich wusste nur, dass sich manche Leute beschenkten und den Tannenbaum bunt schmückten.

In Torgau konnte es für uns natürlich keine Geschenke geben. An diesem Ort machte wohl selbst der Weihnachtsmann nur Außendienst.

Der Kulturnachmittag fand nach sich lang hinziehender Zeit sein Ende. Jeder war irgendwie beschäftig gewesen. Einige spielten irgendwelche Brettspiele, einige taten es der Zeit gleich und dümpelten geradezu vor sich hin. Mit der Zeit war es so eine Sache: Sie konnte sich maßlos in die Länge ziehen, wenn man sie nicht gebrauchen konnte und so war die Zeit kein Freund der Bedrängten.

Von besonderem kulturellen Wert war die Tatsache, dass die-

ser Gruppenkulturraum keine Toilette besaß. So wurde hin und wieder dieses oder jenes Gespräch von der Geräuschkulisse der körperlichen Entleerung begleitet, und die Hände wurden an den Hosennähten hoch und runterschiebend gereinigt. Dieser Reflex zur hygienischen Sittsamkeit war bei den meisten also noch nicht verloren gegangen.
18 Uhr war Abendbrotzeit. Mit der Meldung zur Beendigung des Kulturnachmittages ging es im Laufschritt nun durch das ganze Haus von einer verschlossenen Tür zur nächsten rennend in den Speisesaal. Tatsächlich musste diese noble Bezeichnung für diesen Hundestall herhalten.

Stumpfsinn und Verblödung

Mich sollte nun der beginnende Januar mit dem stumpfsinnigen rauen Alltag Torgaus bekannt machen.
Es war der 3. Januar 1972 um 5.30 Uhr. Hart und laut schrie es durch den Gang eines innen wie außen völlig vergitterten Gebäudes. Unmissverständlich und keinen Widerspruch duldend drang die Aufforderung „Jugendliche, Nachtruhe beenden!" in unsere noch verschlafenen Köpfe und Ohren.
Es riss mich aus dem Schlaf.
Mit einem Satz sprang ich wie die anderen aus dem eisernen doppelstöckigen, manchmal auch dreietagigen Schlafgestell.
Der zweite Schlafraum profitierte immer davon, als zweiter geöffnet zu werden und dadurch einige Sekunden Zeitgewinn zu haben. Der fürchterliche und beißende Gestank des gefüllten „Verwahrraumeimers", der für die Notdurft zur Nacht für zwölf Jugendliche gedacht war und den auch ein Deckel nicht daran hindern konnte, seinen „Duft" in der Zelle zu verbreiten, war ein erster und schlimm stinkender Morgengruß für unsere Nasen.

Auch in den Schlafzellen gab es keine Toiletten. Und natürlich gab es auch in diesen Schlafzellen keine Waschgelegenheit für die Hände.

Ein Schlüssel krachte hart ins Schloss. Augenblicklich standen alle stramm in Reihe und Glied nach dem Vordermann ausgerichtet. Keiner wagte es, auch nur einen Ton zu sagen.

Zwölf junge Burschen schienen noch im tiefen Schlaf versunken und nahmen von ihren Träumen Abschied, um dann augenblicklich mit dem brüllenden Beginn des Alltags irgendwie zu funktionieren.

Im markigen Ton vermeldete der Verwahrraumälteste dem Erzieher: „Zwölf Jugendliche haben die Nachtruhe beendet. Im Verwahrraum gab es keine besonderen Vorkommnisse und wir sind bereit, zum Frühsport herauszutreten. Guten Morgen, Herr Erzieher!"

Seine Ansage wurde von einem „Guten Morgen Herr Erzieher!" im Gruppenchor beendet.

Er donnerte sein „Guten Morgen Jugendliche!" zurück.

Mit strengem Blick musterte er jeden einzelnen von uns. Seinem kontrollierenden Blick streng durch die Schlafzelle schweifen lassend, befahl er geradezu brüllend: „Jugendliche, Raustreten aus dem Verwahrraum!"

Nur Sekunden verblieben, um in Turnhose und Turnschuhen auf den Gang zu stürzen. Im Eiltempo hasteten wir aus beiden Zellen, befanden uns schnell im Laufschritt auf dem weiß gefliesten Gang und bilden an einer Fliesenfuge eine exakte, nach Körpergröße und Seitenmann ausgerichtete Linie. Am Ende stehend, schleppte der wöchentlich wechselnde Eimerdienst den stinkend gefüllten Eimer mit sich, um ihn in der Hofgrube zu entleeren. Sehr darauf achtend, aber praktisch nicht vermeidbar, dass im Laufschritt die Beine vom Eimerinhalt nicht vollgeschwappt wurden.

„Gruppe, stillgestanden! Augen rechts, durchzählen!“ Die nach rechts gewendeten Köpfe flogen dominoartig in rasender Geschwindigkeit nach links, um dem Nachbarn in fortlaufender Folge zum zackigen Weiterzählen seine durchlaufende Zahl ins Ohr zu brüllen.

Ein weiteres Mal wird dem Erzieher im markigen Ton die Meldung vom Gruppenältesten verkündet: „Herr Erzieher J., 20 Jugendliche haben die Nachtruhe beendet. Es gab keine besonderen Vorkommnisse und 20 Jugendliche sind zum Heraustreten zum Frühsport bereit. Es meldet Jugendlicher Müller!“

Dem Durchzählen und der Meldung folgte nun nochmals ein kerniges „Guten Morgen, Jugendliche!“ vom Erzieher. Dies nun wurde von der gesamten Gruppe mit einem genauso kernigem Morgengruß „Guten Morgen, Herr Erzieher J.“ erwidert.

Gelegentlich wurde diese eingedrillte Prozedur durch sofortige fünfzig Liegestütze unterbrochen, wenn dem Erzieher eine Ungereimtheit die Morgenlaune verdarb. Nach dem Motto „Devide et Impera“ („Teile und herrsche“) war die Verfehlung eines Einzelnen grundsätzlich eine Gruppenangelegenheit, wenn es um Strafmaßnahmen ging.

Und ich kann mich auch nicht erinnern, dass der Montagmorgen bei irgendeinem Erzieher jemals ein „Guter Tag“ war. Einzelne Erzieher nahmen oftmals die Anwesenheit eines Neulings zum Anlass, ihm ein willkürlich benanntes Vergehen anzulasten. Es reichte ein Niesen nach dem Kommando „Stillgestanden“. Für die gesamte Gruppe folgte eine zusätzliche Einheit Liegestütze, Kniebeugen und Strecksprünge als Bestrafung. Oft war den Neulingen nicht gleich ganz klar, dass noch am Abend eine weitere Lektion auf sie wartete. Neulingen zu demonstrieren, wo es hier lang ging, war sozusagen ein Zwei- Frontenkrieg. Er verfehlte mit Sicherheit nicht seine Wirkung.

„Gruppe, Rechts um!“

Schneidig gedrillt wurde von der Gruppe die Drehung vollzogen, deren Exaktheit in der Ausführung an keiner Stelle auch nur den geringsten Mangel erkennen ließ. Das hatte jeder nach wenigen Tagen geradezu inhaliert, wenn er nicht das Opfer einer Schikane von zwei Seiten werden wollte.
„Im Laufschritt, Raustreten zum Frühsport!"
Ohne Verzug ging es schnell nach draußen. Dort hieß es, im faden Morgengrau und klirrender Januarkälte wieder: „Gruppe, Antreten! Stillgestanden! Durchzählen!"
Wiederum erfolgte dies durch den Gruppenältesten, der sich mit zackiger Wendung zum Erzieher wandte und meldete: „Herr Erzieher J., 20 Jugendliche sind zum Frühsport angetreten. Es gab keine besonderen Vorkommnisse. Es meldet Jugendlicher Müller."
Für Sekunden zog der Himmel meinen Blick nach oben, als wollte er meine Träume, die nach oben schwebten, aufsaugen. Es waren nur wenige Augenblicke der inneren Versunkenheit für das Schweben in einer Illusion. Ein brüllendes Kommando zerriss die Sekunden der Sinnesflucht und ließ erst gar keine Bilder entstehen. Schnell war ich wieder in der grusligen, irren Wirklichkeit des gedrillten Gehorsams zurück.
Im Ermessen des Erziehers lag es nun, ob wir uns ein kurzes Unterhemd überziehen durften. Höchst selten durfte es auch eine Trainingsjacke sein.
Herr J. befand oftmals, dass wir Männer werden müssten, und Torgau sei dafür genau der richtige Ort. Dieses Ziel wäre ohne Hemd – und es sei ja auch nicht wirklich kalt – wesentlich eher zu erreichen. Von jetzt an gab es auch für mich kein Verstecken mehr. Augenblicklich kam das Kommando: „Gruppe, rechts um! 30 Runden, im Laufschritt, ab! Und das Ganze mit ein bisschen Tempo meine Herren, sonst können wir gern ein paar Runden mehr machen."

Der Tag begann mit einer harten Einheit Frühsport. Der Erzieher behielt die Gruppe solange fest im Blick seiner Beobachtung, solange ein Neuling den Rhythmus eiserner Disziplin stören konnte. Sei es durch zu langsames Rennen, vor allem aber unerlaubtes Stehenbleiben, um kurz zu verschnaufen oder sonst was.
„Jugendlicher P., kommen Sie, mehr Tempo, sonst hängen wir da noch ein paar Extrarunden zum Üben ran! Ein bisschen dalli!", brüllte der Erzieher J. über den Hof.
Die Kälte trieb mich schon an, aber bei dem Tempo der anderen konnte ich bei aller Anstrengung und bestem Willen einfach noch nicht mithalten. Manch einer, der lieber etwas trödelte, weil er nicht so lange auf den Letzten in der Kälte stehend warten wollte, wurde umgehend vom Erzieher zurechtgebrüllt, wieder sein Tempo zu erhöhen, sonst gäbe es eine Sonderbehandlung. Die Erzieher wussten nur zu genau, in welchem Tempo jeder Einzelne in der Lage war, diese Runden zu absolvieren und unterbanden somit jeden Versuch, Schwächeren und Neulingen auf diese Art und Weise Linderung zu verschaffen. Das ging gar nicht.
Ich musste einfach zusehen, meine Runden irgendwie zu schaffen. Keiner konnte es sich leisten, die vorgegebene Rundenzahl nicht zu absolvieren. So etwas gab es in Torgau absolut nicht!
Ein Gruppenneuling musste nur sehr schnell lernen, die Jungs nicht frierend warten zu lassen. Das war die bewusst eingesetzte und perfide Waffe der Gruppenerziehung.
Jede körperliche Unlust oder mangelnde Leistungsfähigkeit verlor man schnell im Drill eiserner Disziplin und dieses enormen Gruppenzwanges. In mir vermischte sich das Aufbegehren mit dem sich angstvollen Fügen. Jede Verweigerung war begleitet von der Drohung einer Bestrafung von beiden Seiten!
Mit aller Härte und rigoroser Demütigung wurde aus dir ein

funktionierendes Etwas.
Dazu gab es physisch keine Alternative.
Mitleidslos hatten Neuankömmlinge bei den Jungen maximal zwei bis drei Tage Schonfrist. Wer das danach nicht schaffte, hatte ein furchtbares Problem. Mit bösen Spielchen wurde dies nach dem Nachteinschluss in der Schlafzelle geklärt.
Das wollte keiner zweimal erleben. Am nächsten Tag rannte man um sein Leben und tat alles dafür, nachts wieder schmerzfrei schlafen zu können.

Raue Solidarität und Abpfeiffzeremonien

In Torgau wechselte das Niveau der Grausamkeiten mit dem Personal, den Insassen und den Launen des Direktors. Die Menschen kamen und gingen, aber die Grausamkeiten blieben. So mussten die Jungs auch in klirrender Kälte in Reihe und Glied stehend warten, bis ich es als Letzter auch alles geschafft hatte. Schnell begriff ich, ohne wirklich schwach zu sein, dass ich noch nicht der physische Held hiesiger Anforderungen war. Wie jeder andere benötigte ich meine Zeit.
Mein trotziger Charakter, auch in der Gruppe, bewahrte mich aber vor größeren Anfeindungen. Einerseits versuchte ich schon so gut es ging, meinen Kampfgeist deutlich zu machen. Andererseits war ich, auch bei körperlicher Unterlegenheit, immer bereit, hart zurückzuschlagen. So etwas spürt man untereinander. Ihrer Lästerei war ich mir sicher…
Wir lebten untereinander in einem Spannungsfeld rauer Solidarität und mussten doch zu jeder Zeit bereit sein, uns gegenseitig bei der erstbesten Gelegenheit „eins auf die Fresse zu geben“. Es war eine ständige Gratwanderung der Selbstbehauptung nach allen Seiten. Die manifestierte Bereitschaft, sich auch mit

Gewalt der Gewalt zu erwehren, war ein mir gut bekannter Mechanismus, den ich auch jederzeit bereit sein musste einzusetzen.

Viele waren nur deshalb „schwach", weil sie nicht begriffen, dass auch der Stärkste seine Ängste hatte und Schmerzen und Probleme mit der „Obrigkeit" fürchtete. Man musste nur willens sein, sich zu wehren.

Zurücktreten ist die Tugend des Selbstschutzes, wenn Treten keine Gewohnheit ist, anderen zu schaden. Und jeder Erzieher beobachtete sehr genau, in welch kurzer Zeit ein Neuling welche Stellung in der Gruppe einnahm.

Mein Leistungsniveau war noch gering, aber ausreichend genug, mir nicht den großen Unwillen dieser wilden Meute zuzuziehen.

Als Letzter nach den nun absolvierten 30 Runden wieder Aufstellung einnehmend, erfolgte das Kommando zum Einzelsport. Jeder Zweite musste zwei Schritte vortreten. Die Gruppe zog sich so auseinander, dass jeder ausreichend Platz hatte, seine Sporteinheit ausführen zu können. Ohne viel Aufhebens folgte nun der berüchtigte Torgauer Dreier, der aus folgendem Programm bestand:

10 Kniebeuge, 10 Hockstrecksprünge, 10 Liegestütze
20 Kniebeuge, 20 Hockstrecksprünge, 20 Liegestütze
30 Kniebeuge, 30 Hockstrecksprünge, 30 Liegestütze
40 Kniebeuge, 40 Hockstrecksprünge, 40 Liegestütze
50 Kniebeuge, 50 Hockstrecksprünge, 50 Liegestütze
60 Kniebeuge, 60 Hockstrecksprünge, 60 Liegestütze
70 Kniebeuge, 70 Hockstrecksprünge, 70 Liegestütze
80 Kniebeuge, 80 Hockstrecksprünge, 80 Liegestütze
90 Kniebeuge, 90 Hockstrecksprünge, 90 Liegestütze
100 Kniebeuge, 100 Hockstrecksprünge, 100 Liegestütze

In der Regel waren für den Frühsport die Einheiten von 10 bis 50 das Standardprogramm. Der Erzieher J. hatte aber aus uns unbekannten Gründen den Jahresbeginn auf ein besonderes Level gehoben, und ich hatte das Problem, es miterleben zu müssen!
Irgendwie habe ich mich dann mit allen nur möglichen Tricks durchgemogelt. Körperlich dem Tod näher als der nächsten Stunde, hatte der Tag als solches noch nicht einmal richtig begonnen. Zu guter Letzt hieß es, zum Abschluss noch 25 Runden zu rennen. Die Gruppe musste natürlich wieder auf mich warten, und ich hasste diese Demütigung, nicht Herr meiner eigenen Bestimmung sein zu können.
Dann hieß es wieder antreten.
„Na, Jugendlicher P., das ist hier alles ein bissel anders, als sich bloß einen Fetten in der Arrestzelle zu machen, was!", bekam ich vom Erzieher J. zu hören. Es war eine Art Anpöbeln, das mehr oder weniger jeder über sich ergehen lassen musste. Ich fühlte mich mit meinem rasenden Puls völlig durchgeknallt und konnte noch gar nicht richtig antworten.
„Na, Jugendlicher L., heute mal nicht so die richtige Lust gehabt, was. Da machen wir doch gleich noch mal alle 50 Liegestütze, damit wir hier alle auf dem höchsten Niveau trainieren – nicht wahr, Jugendlicher L.?!"
Natürlich benutzte der Erzieher auch andere Jugendliche, um einem Neuling ein besonderes Schauspiel zu bereiten. Augenblicklich hieß es: „In die Liegestütze vorfallen!", und ohne jedweden Mucks wurden die 50 Liegestütze am Stück von allen durchgezogen. Ich war doch einigermaßen entgeistert, mit welchem Gleichmut die Jungs um mich herum diese kleinen pädagogischen Einlagen durchzogen.
„Gruppe auf, Gruppe antreten!"
Auch von der elenden Kälte angetrieben stand die Gruppe ruck-

zuck in Reih und Glied, nach Vordermann und Seitenlinie ausgerichtet, da.

„Gruppe, stillgestanden, durchzählen!"

Im Eiltempo flogen die Köpfe nach links und wir brüllten uns gegenseitig wieder die Zahlen in die Ohren.

„Herr Erzieher J., 20 Jugendliche haben den Frühsport beendet. Es gab keine besonderen Vorkommnisse. Es meldet Jugendlicher Müller!"

„Danke, Jugendlicher Müller! Lassen Sie die Gruppe einrücken zum Betten bauen."

„Gruppe, stillgestanden, links um und einrücken zum Bettenbauen!"

Bettenbau nach Vorgabe.

Auch hier gab es an der Akkuratesse zu keiner Zeit Kompromisse. Eine Kontrolle mit unbefriedigendem Ergebnis bedeutete das Warten aller und das wollte sich keiner antun! Aber es war bei jeder Kontrolle die Gewissheit in unseren Köpfen, dass niemals alle Betten ordentlich genug gebaut werden konnten. Jeder Erzieher fand eine Schusseligkeit, die als „Schlampigkeit" Grund genug war, ein ordentlich gebautes Bett wieder einzureißen. Drei bis fünf Wiederholungen waren pädagogischer Standard.

Dann hieß es: „Waschzeug abgreifen" und „ablaufen" zur morgendlichen Hygiene. Natürlich nicht ohne Meldung zu machen.

Vor dem Waschen ging es zur Toilette.

Wären nicht die begleitenden Umstände, entzöge sich dieses Thema jeder darstellenden Betrachtung. Der neben dem Duschraum nächste Raum war der Toilettenraum. Gleich dem Duschraum war auch dieser Toilettenraum ein furchtbarer Dreckstall. Das hatte pures Abschreckungspotential für jeden Neuling!

Auf fünf nebeneinander angeordneten Toiletten ohne Zwischenwände oder ähnlichem saßen fünf Jugendliche, die zeitlich limitiert zum „Abpfeifen“, wie wir es liebevoll nannten, ihre nötigen Verrichtungen erledigten.

Überhaupt entwickelten wir im Mikrokosmos des Gefangenseins eine völlig eigene „Torgauer Sprache“. Jede Zeit und Gemeinschaft hatte ihren eigenen Duktus. Zu jener Zeit sogar mit einer gewissen Abgrenzung zur sonst üblichen Vulgärsprache anderer Gefangener.

Es hieß nicht „Essen gehen“ – wir gingen etwas „einpfeiffen“.

Es wurde nicht „gegangen“ – es hieß „ablaufen“.

„Ich zeige heute Körnen zum Einpfeifen, dass es mir ausschert“, hieß so viel wie: „Ich esse so viel, bis ich platze.“

Wir gingen auch nicht auf die Toilette, wir gingen zum „Abpfeifen“.

In der Tür stehend war der Erzieher, der sich alles Geschehen genau betrachtete, permanent anwesend, um mit seiner Präsenz das Regime des Gruppenstuhlgangs auf dem höchsten Niveau zu halten. Im Druck des Alltags war jede Scheu und Scham ein störender Luxus. Zum Genieren und Schämen blieben uns keine fünf Minuten Zeit. Bevor sich da in unserer Nase unangenehme Gerüche breitmachen konnten, war schon der nächste Fünferblock dran.

„Kommen Sie P., machen Sie schon! Die andern wollen auch mal sch...!“ Danach ging es ab in den Waschraum.

In gebotener Kürze erfolgte unter Aufsicht die Körperreinigung. Die zum Scheuern des weiß gefliesten Gefängnisganges benutzte Kernseife erfüllte auch für unseren Körper ihren Zweck. Hätte man sie essen können, wäre sie wohl auch zu diesem Zweck zum Einsatz gekommen.

Mit den allgegenwärtigen Kommandos: „Fertig, Gruppe!“, „Gruppe, raustreten und antreten!“, „Gruppe, rechts um!“ und „Gruppe, ablaufen!“ verließen wir den sogenannten „Hygienebereich“.

Im Laufschritt ging es im Takt der vor uns verschlossenen Türen, an denen in Gruppenaufstellung gewartet wurde, zurück in den Zellentrakt.
Das Anziehen der Arbeitsklamotten mit den bleischweren Arbeitsschuhen vollzog sich ebenfalls im rasenden Tempo. Unter allen Umständen vermieden wir irgendwelche Vorkommnisse, denn es wäre eine verdammt kurze Frühstückszeit geworden. Der Arbeitsbeginn hingegen wäre nie in Frage gestellt worden!
Ohne besondere Vorkommnisse hieß es wieder: „Fertig, Gruppe!“, „Gruppe, raustreten und antreten zum Frühstück!“. „Gruppe, rechts um!“ und „Gruppe, abrücken zum Frühstück!“. Vor dem Speiseraum hieß es wieder stehen bleiben. Der in aller Ruhe der Gruppe nachlaufende Erzieher schloss den Speiseraum auf. „Fertig, Gruppe! Gruppe, einrücken!“
Mit allerhöchstem Tempo, sozusagen aus dem Stand im Laufschritt rückte die Gruppe ein. Wir drückten uns gegenseitig durch die enge Tür. Jeder stellte sich hinter seinen genau festgelegten Hocker in lockerer Haltung auf. Dem folgte das Kommando „ Fertig Gruppe!“ Aus der lockeren Grundstellung führte dieses Kommando nun zum Einnehmen einer strammen Haltung im Sinne des militärischen „Stillgestanden“. Nach dem Kommando „Gruppe, setzen!“, erfolgte dies wiederum in gelockerter Haltung. Ein weiteres Mal erfolgte das Kommando „Fertig, Gruppe!“, zur Einnahme einer strammen Haltung im Sitzen. Man richtete seinen Oberkörper gestrafft auf und ließ nur die Handflächen auf dem Tisch liegen.
Dem prüfenden Blick über alle hinweg, ob alles seine Ordnung hatte, folgte nun: „Gruppe, Guten Appetit, Jugendliche!“ durch den Erzieher.
Geschlossen antwortete die Gruppe: „Danke, Herr Erzieher!“
Die auf zehn bis höchstens fünfzehn Minuten bemessene Essenszeit zwang jeden, das uns damals „recht dürftig“ bereitete

Essen raubtierartig hinunterzuschlingen. Während der Essenszeit herrschte natürlich striktes Redeverbot. Unser Essen durfte untereinander grundsätzlich nicht getauscht werden, und es war Pflicht, alles aufzuessen. Eine besondere „Sorgfaltspflicht“ der Erzieher bestand auch darin, darauf zu achten, dass kein Jugendlicher zu wenig aß. Auf keinen Fall wurde dies zugelassen!

Gegenüber der Tür des Speiseraums saß der Erzieher zwischen zwei Fenstern und behielt die Gruppe ständig im Blick. Gelegentliches Auf- und Abgehen vertiefte wohl seinen Überblick, wenn wir, gleich einer Raubtierfütterung, alles in uns hineinstopften.

Welch eine Ironie, andauernd ermahnt zu werden, vernünftig zu essen! Das Zeitlimit zwang uns, alles hinterzuschlingen (um es mal gesittet auszudrücken). Die Fähigkeit, eine große Klappstulle mit zwei, maximal drei Bissen, in Sekundenschnelle im Rachen verschwinden zulassen, war ein schnell angeeigneter Standard. Bei Strafe war es absolut verboten, irgendwelche Nahrungsmittel in andere Gefängnisbereiche mitzunehmen.

Nach abgelaufener Essenszeit hieß es dann wieder im harten Befehlston: „Fertig, Gruppe! Frühstück beenden!“.

Augenblicklich mussten wir alles zum Essen benutzte Besteck oder das angebissene Brot usw. auf dem Tisch ablegen und die Ellenbogen ebenfalls auf dem Tisch seitlich neben dem Teller halten. Wer konnte, schob sich trotzdem noch ganz schnell etwas in den Mund.

Der Erzieher nahm jetzt streng kontrollierend sämtliches Besteck in Augenschein. Das Entwenden einer Gabel oder gar eines Messers hätte arge Folgen mit sich gebracht.

„Fertig Gruppe“ ließ wieder jeden Jugendlichen sofort eine stramme Sitzhaltung einnehmen.

Nach dem Kommando „Gruppe auf!“ hieß es wieder, in lockerer

Haltung hinter dem Hocker zu stehen. Mit dem Kommando „Fertig, Gruppe!“ erfolgte noch einmal ein kerniges Strammstehen, dem das Kommando „Gruppe, im Laufschritt raustreten!“ folgte. Und wieder schoben wir uns durch die enge Tür gegenseitig in den Flur und es erfolgte ein sofortiges Aufstellen der Gruppe in Reihe und Glied.

„Gruppe, stillgestanden! Rechts um! Gruppe ablaufen!“, beendete die Frühstückszeit insgesamt und im Laufschritt eilten wir zur nächsten Tür, um in der entsprechenden Kommandofolge von Tür zu Tür im Zellentrakt anzukommen.

Selten, aber zuweilen doch schienen sich die Erzieher an ihrer eigenen Kommandosprache zu erschöpfen. Dann kam immer das Kurzkommando „Gruppe, ab!“ oder ähnliche Kürzel zur Anwendung.

Zurück im Zellentrakt wurde die morgendliche Flur- und Zellenreinigung angeordnet und von allen Jugendlichen im Akkordtempo auf das Akkurateste ausgeführt. Fehlerhafte Vorkommnisse wurden zur Ahndung in das den Tag begleitende Dienstbuch der Nachmittagschicht übergeben.

Seiner Strafe entkam hier keiner!

Selbstverständlich wurden alle zu reinigenden Reviere auf das Penibelste von den Erziehern kontrolliert. Geringste Staubpartikelchen am Finger des kontrollierenden Erziehers, die er beim Überfahren irgendeiner Kante im Flur entdeckt hatte, reichten aus, uns mit einem Zwischeneinsatz von 50 bis 100 Liegestützen auch am frühen Morgen vor Augen zu führen, wie schlampig wir seien und dass es scheinbar immer noch einige unter uns gäbe, die nach wie vor nicht begriffen hätten, welche Ordnung hier in Torgau herrsche.

Nicht selten kamen zur vertieften Staubkontrolle weiße Handschuhe zur Anwendung. Vor der angetretenen Gruppe zog sich der Erzieher die Handschuhe in aller Ruhe über.

„Na, da wollen wir mal…!“, war so eine Standardbemerkung, die vertiefte Kontrolle „ordnungsgemäß“ durchzuführen.
Dieser Druck, jeden Morgen wie ein Irrer ein zugewiesenes Revier reinigen zu müssen, war gewaltig! In der Regel endete es mit einer Gruppenstrafe. Da hatte keiner Illusionen, und niemand wollte auch nur bei einer Schmuddeligkeit erwischt werden. Dabei war es unerheblich, wie sauber ein Revier gereinigt wurde. Man musste sehr schnell begreifen, dass auch dieser Vorgang im System zur Umerziehung integriert war. Es bedurfte keines anderen Anlasses, denn der Erzieher konnte mit willkürlicher Bestrafung gegen jeden agieren. Im Kontext der bevorstehenden Arbeitszeit, die um jeden Preis einzuhalten war, begann jeder Morgen mit diesem Höllentrip. Selbst das Warten auf das Ende dieser Prozedur zehrte an den Nerven. Denn das unbeanstandete eigene Revier schützte keinen davor, an der Strafe des Betroffenen beteiligt zu sein.
Da es auch strengstens untersagt war, jemandem behilflich zu sein, kam man dem Begriff Hoffnungslosigkeit sehr nahe. Gelegentlichen war der Befehl „Fertig, Gruppe! Antreten!“ sogar eine Erlösung!

Politische Bildung

Nach Beendigung der Reinigungsarbeiten und dem Ankleiden für die Arbeit begann das allmorgendliche Ritual der politischen Bildung. Wieder in Gruppenaufstellung stehend, wurden die Morgennachrichten eingeschaltet. Wir wurden alle verpflichtet, sie zu hören. Nach dem Ende der Nachrichten wurde das Radio sofort wieder abgeschaltet. Zwei bis drei Jugendliche mussten in der Regel ihre „ehrliche Meinung“ zu den Berichten über die imperialistischen Machenschaften und andere staats-

feindliche Aktivitäten des Klassenfeindes darlegen. In der Regel gab man einiges an Blödheiten von sich, um nicht aufzufallen. Mangels nicht zufriedenstellender Äußerungen und die daraus für sich selbst zu ziehenden Schlussfolgerungen für den Klassenkampf brachten einen in die dumme Lage, an den folgenden Tagen wiederholt zum Kommentieren der gehörten Nachrichten aufgerufen zu werden. Neben der immer und zu jeder Gelegenheit drohenden Bestrafung durch den Erzieher wurde man auch so sehr schnell zum Gespött der anderen Jugendlichen.
Sich nach beiden Seiten zu schützen, war ein zwingend erforderliches Gebot, um einigermaßen unbeschadet solchen Unsinn zu überstehen.
Da es die Erzieher selbst zu nerven schien, sich das gebetsmühlenartige Herunterlallen der immer gleichen Phrasen von Jugendlichen, die schon längere Zeit dort waren, anzuhören, wurden in den meisten Fällen die Neulinge ihre Opfer. Sie mussten lernen, wie man sich blödstellen musste, damit es selbst die Erzieher glaubten.
Wer sich dem Opfersein entzog, ebnete den Weg für das nächste Opfer. Die moralische Stärke, sich treten zu lassen, damit der andere nicht getreten werde, überforderte unsere Sittlichkeit. Gruppenhierarchie und Gruppenspott entwickelten eine Eigendynamik, denen man sich nur mit zwei Voraussetzungen entgegenstellen konnte: gewandtes Reden und physische Stärke.
Von zwei Seiten unter Druck stehend, war es außerdem ein besonders böses Schicksal, wenn man nur ein geringes Durchsetzungsvermögen hatte.
Die Leidensgleichheit in Torgau war das eine. Die sogenannten Starken, ob bewusst oder unbewusst, glaubten, ihr eigenes Leiden dadurch zu lindern, in dem sie sich an vermeintlich Schwächeren vergingen. Dieses Verhalten entging auch den Erziehern nicht und wurde mit der Gesinnung des „Devide et Impera“ un-

ter allen Umständen gefördert.
Bilder meiner Vergangenheit holten mich insofern ein, wenn mein Stiefvater auf meinen jüngsten Bruder mit seinem Dienstkoppel einschlug und wir daneben stehend zusehen mussten. Wir hatten nicht die Möglichkeit uns dagegen aufzulehnen, ohne Gefahr zu laufen, selbst durchgeprügelt zu werden. Mit diesen Bildern im Kopf versteckte ich meinen Hass gegen manchen „Starken" nicht. Ich war in vielen Situationen kein Held, und auch ich hatte meine eigenen Momente, in denen die Feigheit mich besiegte. Aber diese Lumperei, sich auf Kosten anderer Vorteile zu verschaffen, war mir aus tiefster Seele zuwider. Mein Mitgefühl für Leidende war in gewissem Maße auch dem eigenen Überleben untergeordnet. Man konnte und durfte in Torgau niemandem helfen, ohne Gefahr zu laufen, dafür selbst bestraft zu werden.
Gelegentlich gelang es einigen unverdrossenen Jungs, so geschickt über einen in den Nachrichten berichteten Unfall zu schwafeln, dass der Erzieher Mühe hatte, ohne seine Autorität einzubüßen, diesen Jugendlichen am Weiterreden zu hindern, vor allem, wenn er den lebensrettenden Einsatz eines Volkspolizisten würdigte.
Die Grausamkeit von Torgau hatte auch andere heitere Momente. Das war die professionelle Verrohung in Vollendung schon länger eingesperrter Jugendlicher. In Erinnerung blieben mir vor allem Versprecher wie: „Der Staatsratsvorsitzende und Vorsitzende des Zentralkomitees der SED, Willy Brandt" und „Erich Honecker mit seinen staatsfeindlichen Aktivitäten".
Dem über die Maßen wütenden Blick des Erziehers folgten tausend Selbstbezichtigungen des Jugendlichen zur Entschuldigung, sich nur versprochen zu haben. Es tat ihnen furchtbar leid und sie versprachen, sich das nächste Mal mehr zu konzentrieren. Die Jungs laberten so lange ein endlos wirres Zeug, bis es

selbst diesen Erziehern zu albern wurde, noch darauf zu reagieren. Manch einer hat es so geschafft, seine Torgauer Zeit kommentarfrei beenden zu können. Für uns war es verdammt schwierig, das Grinsen bis in die straffreie Zone zu konservieren.

Arbeitsdienst

Nach Beendigung der morgendlichen Schulung für ein vertiefendes Verständnis des Klassenkampfes und der Einsicht, dass der Siegeszug des Sozialismus auch durch unser Fehlverhalten nicht aufzuhalten sei, mussten wir uns nun an den direkten Schauplatz des Klassenkampfes begeben.
Jetzt hieß es: „Fertig, Gruppe! Antreten zur Arbeit!“
Strammstehend empfingen wir jetzt vom als Brigadier eingesetzten Jugendlichen die Befehle.
„Gruppe, stillgestanden! Augen rechts! Durchzählen!“
Wieder flogen die Köpfe, um dem Nachbarn seine Zahl von rechts nach links ins Ohr zu brüllen.
„Zur Meldung an den Herrn Erzieher J. die Augen geradeaus!“
Zackig gedrillt, machte der Brigadier jetzt in Richtung des Erziehers seine Wende und meldete wie folgt: „Herr Erzieher J., 23 Jugendliche der Gruppe eins, sind vollzählig zur Arbeit angetreten! Es gab keine besonderen Vorkommnisse. Es meldet der Jugendliche L.!“
Nickend die Meldung entgegennehmend, wies der Erzieher den Brigadier an, die Gruppe abrücken zu lassen. Sich mit einer zackigen Wendung wieder der Gruppe zuwendend, folgte das Kommando: „Gruppe, rechts um! Zur Arbeit ablaufen! Marsch!“
Morgens brachte uns der Erzieher in den am Gefängnisgebäude angegliederten Arbeitsbereich, um uns an den Arbeitserzieher zu übergeben. Vor jeder Tür gab es die entsprechenden Kom-

mandos zum Stehenbleiben und Weiterrücken.
Die Erzieher begleiteten den Weg zur Arbeit meist gemächlich gehenden Schrittes. An der verschlossenen Tür angelangt, öffneten und verschlossen sie diese mit geradezu provozierender Bedächtigkeit.
Auf dem Arbeitsflur ankommend, wurde wieder Aufstellung genommen. Es erfolgte die Gruppenabmeldung beim Erzieher.
„Gruppe eins, Arbeitskäppi auf! Gruppe eins, durchzählen!"
1, 2, 3, 4 ... 20!
„Herr Erzieher J., Gruppe eins meldet sich vollständig mit 20 Jugendlichen aus dem Gruppenbereich zur Arbeit ab. Es gab keine besonderen Vorkommnisse. Es meldet Jugendlicher L."
Der Erzieher verabschiedete sich von der Gruppe.
Das „Auf Wiedersehen, Jugendliche!" erwiderte die Gruppe mit einem zackigen „Auf Wiedersehen, Herr Erzieher J." Dann wies Erzieher J. den Brigadier an, die Gruppe beim Arbeitserzieher Herrn K. anzumelden.
Der Brigadier wendete sich augenblicklich, die Hacken seiner schweren Arbeitsschuhe wieder zackig zusammenknallen lassend, an den Arbeitserzieher.
„Herr Arbeitserzieher K., 23 Jugendliche der Gruppe eins sind ohne besondere Vorkommnisse zur Arbeit angetreten. Es meldet Jugendlicher L."
Der Arbeitserzieher begrüßte die Gruppe mit den Worten: „Guten Morgen, Jugendliche!"
Die Gruppe antwortete geschlossen:
„Guten Morgen, Herr Arbeitserzieher K!"

Verspätetes Glück

Als nun der Tag der Entlassung aus diesem unsäglichen Gemäuer anstand, was für mich auch gleichzeitig die Rückführung in den „Heimatjugendwerkhof“ bedeutete, war im Wesentlichen aller denkbarer Schaden in meinem Kopf und meiner Seele angerichtet. Die Verwerfungen im alten Elternhaus hätten mich vielleicht auf einen Weg geführt, der eben dem eines einfachen Arbeiters entsprochen hätte, der sich zum Feierabend mit Bier den Bauch füllt und das Leben mit einer gewissen Leere genießt – wer weiß?

So aber hatte ich die Lektionen des Bösen in Torgau erfahren und sie wurden über viele Jahre zu einem tragischen Bestandteil meines Lebens. Mein Verständnis für Ungerechtigkeit beschränkte sich darauf, all das Erlebte als extrem ungerecht zu empfinden. Aber es blieb eine unkanalisierte Wut, die mich noch lange auf irrigen Wegen gefangen hielt. Innere Zerrissenheit und viele andere Defizite (wie fehlende Bildung und Lebenskultur) erlaubten mir nicht, in Visionen an eine gestaltbare Zukunft zu denken. Ich stand nicht vor der Frage, was so etwas Erlebtes mit einem macht, sondern ich stand vor der Tatsache, dass das Erlebte es mit mir machte und ich über viele Jahre eben nicht fähig war, den Mechanismen der Selbstzerstörung zu entrinnen. Das Böse war in mich eingepflanzt und ich wusste nicht, wie ich diese Wurzeln wieder beseitigen könnte. So scheiterten anfangs auch alle Bemühungen, meine Bildung auf Abendschulen nachzuholen und eine berufliche Ausbildung abzuschließen. Wenn ein Mensch sich vor körperlicher Gewalt schützend die Arme vor das Gesicht hält, sind im Nachgang dessen Abwehrverletzungen offensichtlich. Sie verraten uns einerseits viel über den Täter, andererseits lassen die sichtbaren Verletzungen des Opfers dem Helfenden die Möglichkeit, wirksam das

Notwendige zu tun. Die Dinge verhalten sich anders, wenn die zerstörerische Wirkung ein über Jahre fortwährender Prozess ist, der sich vor allem hinter Mauern der Verschwiegenheit einer Gesellschaft abspielt – auch vor dem Hintergrund der Tatsache, dass es in der DDR nicht die mutigen Menschen gab, die von dem Geschehen im Jugendwerkhof Torgau vielleicht eine Ahnung hatten, aber nicht die Zivilcourage besaßen, dagegen aufzubegehren. Es ist für die betroffenen Opfer umso schwieriger, sich später einer Gemeinschaft zugehörig zu fühlen, von der man als Kind und Jugendlicher so kläglich im Stich gelassen wurde. Dies impliziert auch das Versagen jener, die im Umgang mit Menschen in den wichtigsten Jahren ihrer persönlichen Entwicklung eine geradezu kriminelle Pädagogik betrieben hatten.

Besonders tragisch ist für alle, die sich dem Lebensweg über Torgau nicht entziehen konnten, die Tatsache, dass auch das neue Gesellschaftssystem, das der DDR nach 1990 folgte, keinen Weg fand, den bekannten Tätern juristisch beizukommen. Unter diesem Aspekt wirken auch heute die Deutungshoheiten von Gedenkstätten eher bieder. Alles wird mit einer sprachlich abgestimmten Erinnerungsgedenkkultur verallgemeinert, als hätten sich die Betroffenen einer zensierten Darstellung in der Öffentlichkeit zu beugen. Hilfe wurde nach langem Zuwarten denjenigen gewährt, die sich meldeten, wobei nach einem Reglement entschieden wurde, bei dem die Unterschiedlichkeit der Lebensläufe einen höheren Stellenwert erhielt, als die gleiche, tragische Erfahrung aller. Fast erschien es mir wie ein Kuriositätenkabinett, dass ich weniger Entschädigung bedurfte und erhielt, nur weil ich im Leben nicht weiter straucheln wollte.

Es gehört zu meinen interessantesten Erfahrungen, dass mir in so manchem Gespräch zu diesem Thema gesagt wurde, dass ja nicht jeder die Kraft hätte, sich mit eigenem Gestaltungswillen

aus der Umklammerung dieser Vergangenheit zu lösen und dass deshalb bestimmte Menschen auch mehr Zuwendung benötigen würden. Doch so manch einem nutzte dieses mitleidige Verständnis recht wenig, weil ihn seine permanente Gefangenschaft im Opferdasein letztendlich im Leben scheitern ließ – vor allem dann, wenn man sich dem Leben stellen muss wie jeder andere.
So erfolgte z. B. auch meine beurkundete Rehabilitierung für die zu Unrecht anerkannte Einweisung in den JWH Torgau durch ein Berliner Oberlandesgericht nicht automatisch. Das musste ich schon einfordern. Auch da hatte die Rechtsnachfolge der DDR nicht die sittliche Kraft, auf ehemals Betroffene zuzugehen! Man musste als Opfer also wieder kämpfen...
Nun fernab von jedem politischem Revoluzzertum verblieb ich also in der Selbstüberlassenheit mit meinem wirren, diffusen Wesen und versuchte, einen Weg in ein „vernünftiges Leben" zu finden. Die Pflastersteine meines Lebens waren mit vielen Dummheiten bedeckt, deren Attribute allzu bekannt sind und hier keiner Auflistung bedürfen. Sie waren auch ein Garant dafür, dass ich mich nur mühsam einer in jeder Hinsicht zerstörten Biographie entziehen konnte. Denn es sind im Leben zwei völlig andersartige Universen, sich das Scheitern einerseits einzugestehen, und sich dann notwendigerweise auf den Weg zu machen, um dies zu ändern. War meine Kindheit nicht unbedingt glücklich, so war sie doch seit dem Jugendwerkhof Torgau und dem, was dann über die Jahre folgte, zutiefst unglücklich. In diesem Zustand verblieb mir, fast in der Lebensmitte angekommen, trotzdem noch die Chance zu einer Verabredung mit dem Glück, das verspätet in meinem Leben ankam. Vielleicht hätte mir auch ein großer Knall viele Jahre mit Verwerfungen erspart, aber diesen Knall gab es nicht. Es war der lange und nicht einfache Prozess des Reifens und Erkennens, dass man

letztendlich nicht das Versagen in der Vergangenheit in eine Dauerhaftung für das Versagen in der Zukunft nehmen kann.
Es macht wenig Sinn, in seiner Entwicklung Gewalt als Option zu betrachten, bloß weil sie einem selbst widerfahren ist. Und Gewalt ist in der DNA noch nicht als vererbbares Element entdeckt worden, doch sie kann als schrecklicher Defekt in so manch geistiger Wertestruktur von Einzelpersonen und ganzen Systemen ständig wiederholt und weitergegeben werden. Diesen Kreislauf kann jeder durchbrechen, der sich mit sich und seiner Umwelt reflektierend auseinandersetzt.
Und spätestens als mir das Leben zwei Töchter schenkte, die ich gemeinsam mit meiner Frau mit all meinen Unfertigkeiten großziehen musste, war ich all den Widrigkeiten einer absolut gewaltfreien Pädagogik ausgesetzt. Ich musste mich den Hürden der Ämter stellen, Dinge in Gang bringen, um meine Bildung und meine berufliche Entwicklung voranzutreiben, und letztlich bedurfte es der Kultur, in der ich wohl immer ein Suchender war, um meine Freiheit sinnvoll zu gestalten.
Wissen, Kultur und Respekt voreinander sind die Anker im menschlichen Dasein. Trotzdem glaube ich nicht, dass das Lernen verhindert, sich an die tragischen Momente seines Lebens zu erinnern, doch die Gestaltung der eigenen Zukunft und die Perspektive der Betrachtungsweise verändert die Präsenz der schrecklichen Vergangenheit.
Mag sich das Glück in meinem Leben auch verspätet haben, hat es mir aber mit seinem Erscheinen auch klargemacht, dass ich mich um seinen Verbleib selbst bemühen muss – in einem zähen Alltag, in dem wir irgendwie und irgendwo alle miteinander verwoben sind.

Nachwort

Alles hier Berichtete beruht auf den Erfahrungen und Erlebnissen des Autors, der diesen Abschnitt seiner Jugendzeit ausführlich schildert. Das Buch sollte in erster Linie als Zeugnis über ein System dienen, dem man sich als Kind und Jugendlicher nur schwer entziehen konnte, und das durch die angewandten Methoden zur systematischen Zerstörung der individuellen Persönlichkeit führte. Der weitere Lebensweg des Autors wurde stark durch die Zeit in Torgau geprägt.

Um die Identität der vorkommenden Personen zu schützen, wurden ihre Namen abgekürzt.

In Torgau befindet sich in den Gebäuden, die als Jugendwerkhof genutzt wurden, seit 2009 die „Gedenkstätte Geschlossener Jugendwerkhof Torgau", die sich intensiv um die Aufarbeitung dieses Kapitels der DDR-Vergangenheit bemüht.

Das Neue Jagdschloss Hummelshain, in welchem der Jugendwerkhof Hummelshain untergebracht war, befindet sich heute in Privatbesitz. Das Gebäude wurde als national bedeutendes Kulturdenkmal eingestuft und wird momentan von einem Förderverein saniert. Ob auch dort eine Gedenkstätte für dieses Kapitel der Schlossgeschichte entstehen wird, ist noch ungewiss.

Abbildungsnachweis

Cover: Ansicht einer Zelle des Geschlossenen Jugendwerkhofes Torgau, Zustand in den 1980er Jahren, Archiv Gedenkstätte GJWH Torgau: 102 - Wolfgang Sens.

S. 6, 8, 99: Privatarchiv Klaus Peickert (Bilder des Jugendwerkhofes Torgau und der Umgebung des Jugendwerkhofes Hummelshain).

Biographie des Autors

Ein wenig über mich damals:

Ich wurde am 9. April 1956 in Berlin-Neukölln geboren. Mit vier Jahren siedelten meine Eltern in den Osten nach Brandenburg über. Seit dieser Zeit hatte ich meinen Stiefvater. Bis zur Einschulung lebte ich in einem Kinderwochenheim. Die zahlreichen Kinder der Familie gliederten sich in leibliche Geschwister, Halbgeschwister und Stiefgeschwister. Halb- und Stiefgeschwister lebten teilweise in den Familien des getrennten Partners. Am 20. März 1970 verstarb meine Mutter im Krankenhaus Brandenburg mit 38 Jahren. Am 12. April 1970, drei Tage nach meinem 14. Geburtstag, wurde ich in das Waisenheim „Hilde Coppi" in Brandenburg durch den Stiefvater eingewiesen. Seit der Einweisung ins Kinderheim lebte ich von meiner alten Familie völlig getrennt. Am 15. April 1970 erhielt ich die Jugendweihe. Im Januar 1971 wurde ich durch das Kinderheim Brandenburg in das Durchgangsheim Potsdam überstellt. Ende April 1971 erfolgte die Einweisung in den Jugendwerkhof Hummelshain „ Ehre der Arbeit". Am 22. Dezember 1971 wies man mich in den Geschlossenen Jugendwerkhof Torgau ein. Am 23. Mai 1972 erfolgte die Rücküberweisung in den Jugendwerkhof Hummelshain. Mitte September 1972 erfolgte meine Entlassung nach Torgau zum Pflegevater, dem Direktor des GJWH Torgau. Die normale Schulausbildung konnte ich im Jugendwerkhof nicht beenden. In beiden Jugendwerkhöfen wurden mir Teilqualifikationen als Maurer, Maler und Schlosser ausgestellt.

Ein wenig über mich heute:

Ich bin seit vielen Jahren verheiratet und habe zwei Töchter und einen Sohn. In reiferen Jahren begann und beendete ich meine Berufsausbildung (im Traumberuf!) als Orthopädietechniker und Bandagist und schaffte in Mathe sogar eine 3. Der Rest der berufsbezogenen Fächer war im Abschluss deutlich besser! Vielen berufsspezifischen Ausbildungen folgten zusätzliche Ausbildungen zum:

- Übungsleiter für Reha- und Behindertensport
- Übungsleiter für Präventionssport
- Übungsleiter im Fach Karate
- Ausbildung zum Saunameister
- Ausbildung zum Nordic Walking-Trainer

2002 erwarb ich den Schwarzgurt im Karatesport. 2004 bekam ich das Diplom für Spiraldynamik (Bewegungstherapie) und gründete 2006 meine eigene Band „Wolkenflug", für die ich Texte und Musik selbst schreibe und in der meine Frau und meine jüngste Tochter mitwirken. Beruflich bin ich seit April 2010 in die Selbständigkeit gegangen und betreibe eine bewegungstherapeutische Praxis mit einem eigenständigen Therapiekonzept. Meine Heimat habe ich in der wunderschönen Stadt Bautzen gefunden, in der ich seit 1990 lebe und bleiben möchte.

Selbstfindung

Was ist das Geheimnis unserer Wünsche,
wenn der Verstand der Seele misstraut,
dann bleibt der Kuss nur Diebesgut,
nicht Leidenschaft, vom Mund geklaut.

Verstohlen weht der Wind am Morgen
verwirrt von Wünschen nächtlicher Träume,
erwachst du noch mit fröstelndem Zittern,
wie in des Flusses Wellenschäume.

Kein greller Schrei verlässt diesen Grund,
dem Tod ist dort alles Schreien egal,
bist du versunken im letzten Verzweifeln,
entgehst du nicht der letzten Qual.

Willst du dich ergeben, um da zu sein,
wirst dich vom Sturm verbiegen lassen,
willst du verdorren mit deinem Geheimnis,
und unerfüllt viele Wünsche lassen?

Du musst keinem sagen, was du willst,
Erfüllung schöpft aus dem Begehren,
umhüllt dich nur ein kaltes Denken,
wird dich der Frost nur Frieren lehren.

Brüllen und Schreien mag Seelen quälen,
Wesen zerfetzen, keine Flucht,
ein Schiff braucht keine Ankerketten,
es sucht den Sturm und nicht die Bucht.